Lore Schultz-Wild

Enkel! Enkel!

Der anregende Erziehungsberater für Großeltern von heute

mit Illustrationen
von Angela Hopf

Lore Schultz-Wild

Enkel! Enkel!

Der anregende Erziehungsberater für Großeltern von heute

mit Illustrationen
von Angela Hopf

beustverlag

Bibliografische Information Der Deutschen Bibliothek
Die Deutsche Bibliothek verzeichnet diese Publikation in der Deutschen Nationalbibliografie; detaillierte bibliografische Daten sind im Internet über http://dnb.ddb.de abrufbar.

1. Auflage 2003

Illustrationen: Angela Hopf, München
Layoutdesign, Satz und Produktion: CURA MEDIA, Gilching
Umschlagdesign: ZERO Werbeagentur, München
Druck und Bindung: Ebner & Spiegel, Ulm

ISBN 3-89530-107-8

Printed in Germany

Inhaltsverzeichnis

Vorwort

»Sie müssen schon selber denken – auf anderer Leute Kopf und auf Bücher allein ist kein Verlaß!«

BRUNO BETTELHEIM, Kinderpsychologe

»Großeltern sind das Größte!« Wenn dieser Ausspruch aus Enkelmund nicht als Alarmsignal verstanden werden muss – weil es nämlich in der Eltern-Kinder-Beziehung deutlich kriselt –, dann ist er ein Riesenlob. Generationskonflikte sind nicht unausweichliches Naturgesetz oder Schicksal. Im Gegenteil: Mit Geschick und gesundem Menschenverstand, mit einer Portion Selbstironie, liebevoller Distanz und Gelassenheit können Großeltern viel zum Familienfrieden beitragen.

»Irgendwie« wird Ihnen das zweifellos auch ohne Lektüre eines Buches gelingen – doch mit den Überlegungen, Informationen, Denk- und Handlungsanstößen auf den folgenden Seiten wird es bestimmt leichter. Und vor allem: Es macht mehr Spaß!

Den bewundernden Stoßseufzer »Der Opa kann alles ...« hört man zugegebenermaßen immer seltener (allzu rasant schreitet die Digitalisierung unseres Alltags voran, und intergalaktisch-virtuelle Helden als Lehrmeister mag man als Senior denn doch nicht so ohne weiteres akzeptieren). Das Ideal der unermüdlich Jäckchen strickenden, Plätzchen backenden, Märchen erzählenden und großzügigst das Taschengeld aufbessernden Großeltern verblaßt zusehends.

Großeltern – das sind heutzutage immer häufiger selbstbewusste Frauen in anspruchsvollen Berufen oder Männer mit ausgefallenen Hobbys. Ihre Gedanken kreisen keineswegs ausschließlich um die Großfamilie und den jüngsten Nachwuchs.

Großeltern von heute sind durchaus nicht immer verfügbar, sie genießen ihr vielseitiges Eigenleben. Genau deshalb sind sie so spannend und wichtig für die Enkelkinder. Deshalb können sie, andererseits, ihre Enkelkinder als interessante Bereicherung empfinden – und eben nicht als unvermeidliche Belastung, als mehr oder weniger selbstverständliche oder gar einzige Aufgabe zum Lebensabend. Dennoch hat der zweite geflügelte Stoßseufzer an Realitätsnähe nichts eingebüßt: »Niemand versteht mich – außer Omi!«

Damit beginnt der Balanceakt, den Sie als Großeltern ab sofort vollführen müssen. Es ist ja nicht so einfach, zwischen eigenen Erwartungen und anderer Leute Befürchtungen, der bewährten Praxis, neuen Erkenntnissen, aktuellen Bedürfnissen und künftigen Notwendigkeiten für drei Generationen das Gleichgewicht zu halten.

Dieses Buch soll bestärken und ermutigen, gelegentlich auch verunsichern, neue Fragen und eigene Antworten provozieren. Es kommen durchaus »heikle« Begriffe vor, Reizworte, die vordergründig mit Großelternfreuden nichts zu tun haben. Um so mehr betreffen sie unsere gemeinsame Verantwortung für die Zukunft, unser gefährdetes, junges Jahrtausend.

Wer sich heute selbst beschwichtigt und in trügerisch-trauliches Familienglück zurückzuziehen versucht, wer alarmierende Zusammenhänge lieber nicht wahrnehmen mag und sich nicht einmischt, rettet möglicherweise die eigene Seelenruhe für den Augenblick. Rettung vor den Fragen der Kinder heute und morgen ist damit nicht möglich.

Wenn das erste Enkelkind geboren ist, ändert sich unweigerlich die eigene Perspektive. Alle, die sich auf diese Weise ganz ohne eigenes Zutun in den Kreis der »älteren Generation« versetzt finden, müssen sich grundsätzlich zwischen drei extremen Einstellungen entscheiden. Einerseits der resignativen: »Sollen doch die Jungen sich kümmern ...«, andererseits der auftrumpfend-besserwisserischen: »Das lasst Euch ein für allemal gesagt sein ...« und dazwischen der neugierig-engagierten: »Mal sehen, was wir gemeinsam schaffen – und wie ...«.

Kein Zweifel, Einstellung Nummer drei ist die anstrengendste. Sie ist aber auch die lohnendste. Denn sie führt dahin, dass nicht nur Kinder und Jugendliche samt ihren erleichterten Eltern sagen: »Großeltern sind das Größte!« Mit dieser Einstellung können auch Sie, als die Eltern der Eltern, nicht nur behaupten, sondern immer wieder erleben: »Großeltern-Sein ist das Größte!«

LORE SCHULTZ-WILD

1
Loslassenkönnen und viele neue Gefühle

Vom Abnabeln und vom Urvertrauen

Jedes richtige Familienleben beginnt als Trennung. Jungen Müttern ist das selbstverständlich: Erst wenn die Nabelschnur durchschnitten ist, beginnt das bewusste, äußerst vielschichtige Zusammenleben – im Idealfall als Vater-Mutter-Kind.

Jungen Großeltern fällt es gelegentlich schwer, für sich selbst zu akzeptieren, dass da noch eine weitere Trennung vollzogen werden muss, ehe ein »richtiges«, mindestens drei Generationen umfassendes Familienleben möglich wird.

Auch Sie werden Ihre Zeit brauchen, um die Tatsache zu bewältigen, dass die eigenen Kinder jetzt ebenfalls Eltern sind. »Abnabeln« heißt der medizinische Vorgang. Und zum Glück ist das heute in der Regel nicht mehr bloß der chirurgische Schnitt nach dem ersten Schrei. Bestenfalls handelt es sich um einen harmonischen Übergang für das Neugeborene vom bisherigen wohlversorgten Leben durch Plazenta und Nabelschnur zum Leben aus eigener Kraft.

»Abnabeln« ist allerdings weit mehr als der routinierte Akt eines Arztes oder der Hebamme. Es ist ein ganz individueller Prozeß – von Routine keine Spur.

Lediglich rein körperlich betrachtet spielt er sich in der ersten halben Stunde nach der Geburt ab. Kein Zweifel: Eltern und Kinder haben jahrelang damit zu tun, trotz aller herzlichen Zuneigung und Verbundenheit eine allzu starke Bindung aneinander oder gar die Abhängigkeit voneinander zu verhindern. »Abnabeln« ist – und damit sind beide Seiten angesprochen – nichts weniger als eine Lebensaufgabe. Und mit der Geburt des ersten Enkelkindes wird sie noch einmal besonders dringend:

1. Loslassen also – nicht etwa alleinlassen
2. Nicht aufdrängen, doch im richtigen Moment zur Stelle sein
3. Anteilnehmen, ohne sich einzumischen ... so einfach läßt sich die Kunst des Großeltern-Seins zusammenfassen.

Kinder, die in einer ruhigen, menschlich warmen Umgebung zur Welt gekommen sind (Stichwort: Geburt ohne Gewalt), haben es vergleichsweise leicht, jenes Urvertrauen zu entwickeln, von dessen Wichtigkeit alle Psychologen sprechen. Mit jedem Menschen wird schließlich nicht nur ein Körper, sondern eine Seele geboren.

Noch leichter ist es, wenn dieses Menschenkind auch schon vor der Geburt von vielen positiven, optimistischen Signalen erreicht wurde. Der Herzschlag einer werdenden Mutter, ihre Stimmungen, ihre Vorfreude (nicht anders als ihre Sorgen) teilen sich dem Ungeborenen mit – und können es nach Überzeugung vieler Ärzte fürs Leben prägen.

Schon bald erfahren kleine Kinder – auch ganz ohne Worte, also durch das Lebensgefühl ihrer Eltern und der näheren Familie –, was von der neuen Welt, in die sie da hineingeraten sind, zu halten und zu erwarten ist.

Später, als Schulkinder und Jugendliche, können sie sich, gewappnet mit ihrer Portion Urvertrauen, den unterschiedlichsten

Herausforderungen stellen – und spätestens da kommen die Großeltern massiv ins Spiel. In einer Phase, in der noch jede Generation zutiefst überzeugt war, »meine Eltern verstehen überhaupt nichts«, sind Omas und Opas eine ideale Anlaufstelle.

Dass Sie als Großeltern dieser schmeichelhaften Rolle als über den Konflikten stehende Schiedsrichter auch gewachsen sind, setzt freilich voraus, dass Ihr Verhältnis zu den eigenen Kindern, diese Balance zwischen Laufenlassen und Verbundenbleiben, von genau demselben Vertrauen geprägt ist. Nichts wäre schädlicher in solchen Situationen, als ein generationenübergreifender Konkurrenzkampf!

Das Urvertrauen von Kindern, dieser Vorrat an Zuversicht und Lebenslust, entsteht erst im einigermaßen regelmäßigen und deshalb verläßlichen Zusammenleben.

Je weniger eine Mutter der Versuchung erliegt, vor lauter Wonne in einer exklusiven (also den Vater und alle anderen Mitmenschen ausschließenden) Zweisamkeit mit ihrem Baby zu versinken, je weniger von allen möglichen Experten (Großeltern inklusive) versucht wird, die eigenen Patentrezepte und Idealvorstellungen durchzusetzen, desto tragfähiger entwickelt sich die Grundlage fürs Familienglück.

Kinder, also auch Enkel, sind weder Renommierstück noch Besitz, über den nach Belieben verfügt werden kann. Kein Kind taugt als Beweis für die eigene Großartigkeit – oder Hilflosigkeit – oder Einmaligkeit.

Enkel bedeuten meist unbeschwertere Freude als eigene Kinder, oft neue Verantwortung und möglicherweise auch längst vergessene Abhängigkeiten. Aber das ist nicht gleichbedeutend mit Triumph, Belastung oder Selbstverleugnung. Junge Eltern müssen keineswegs ab sofort auf alle Freunde und Feste verzichten – nicht zuletzt dank der Einsatzbereitschaft ihrer eigenen Eltern.

Junge Großeltern jedoch sollten sich hüten, unaufgefordert mit ihren allerbesten Absichten herauszuplatzen. Die eben erst entstehende Familie ist leicht zu erschüttern, und eine neue Variante von Vertrauen braucht Zeit zum Wachsen.

Urvertrauen und damit der Lebensmut eines Menschen entsteht weder im luft- und mitmenschenleeren Raum noch als eine Art Gesamtkunstwerk. Es handelt sich um eine stetige und immer wieder sich selbst bestätigende Entwicklung, die unbedingt ein Gegenüber braucht. Keine Mutter-«Glucke«, die vor lauter Sorge um das Wohl des Kindes sein Selbstgefühl erdrückt. Keinen coolen Arbeits-Vater, der bestenfalls regelmäßig für Geld und »Disziplin« sorgt, ansonsten aber unsichtbar oder unerreichbar bleibt. Und natürlich auch keine neunmalklugen, gegeneinander oder mit den jungen Eltern rivalisierenden Großeltern.

Wichtig ist jemand, mit dem Kinder Gefühle und Erfahrungen »üben« können, wieder und wieder: Sehnsucht und Erkennen, Vorfreude, Abschiednehmen, Verzeihen – und, immer aufs neue, Vertrauen, die Grundlage fürs Selbstvertrauen.

Familienleben ist erst so richtig schön, wenn mindestens drei Generationen daran beteiligt sind, die wechselseitig geben und nehmen können ...

- ✓ als lauter mehr oder weniger hilfsbedürftige, aber eigenständige Persönlichkeiten
- ✓ in unterschiedlicher und durchaus wechselnder Nähe miteinander verbunden
- ✓ bereit, in den verschiedenen Rollen voneinander zu lernen
- ✓ voller Vorfreude darauf, miteinander zu wachsen.

Dabei habe ich dich
in Wirklichkeit aber lieb...

2
Eifersucht, Gerechtigkeit und Streitkultur

Von Brüdern, Schwestern, Vettern und Cousinen

Geschwister sind so eine Sache: Hat man welche, gibt's Probleme; hat man keine, ist es auch nicht einfach. Andererseits: Geschwister samt vielen Vettern und Cousinen sind ideale Verbündete – so weit die Kinderperspektive.

Für Eltern ist es langfristig in jeder Hinsicht leichter, wenn sich nicht all ihre Liebe und ihre Sorgen, ihre Hoffnungen und Enttäuschungen in einem einzigen Kind konzentrieren.

Aus der Sicht der Großeltern stellt sich der Sachverhalt noch einmal ganz anders dar. Wer ist schon frei von Konkurrenzgefühlen? Im meist unausgesprochenen Wettstreit mit »den anderen Großeltern« muss ein Revier abgesteckt werden, und die hochgespannten Erwartungen einer ganzen Enkelschar sind eine echte Herausforderung an Gerechtigkeitssinn und Phantasie.

Einzelkindern wird immer wieder nachgesagt, sie seien egoistischer, stärker auf Erwachsene fixiert und nicht daran gewöhnt, zu teilen. Doch wenn das der Fall ist, liegt der Fehler mit Sicherheit in der Familie und nicht beim Kind. Selbstsucht oder

Geiz beispielsweise entwickeln sich in der Regel nur bei Menschen, die ständig das Gefühl haben, zu kurz zu kommen. Kinder, die sich geliebt wissen, müssen sich nicht ständig in den Vordergrund spielen und geben gern von ihrem Reichtum ab – von ihren Gefühlen ebenso wie von ihren kleinen Schätzen, seien es nun Gummibärchen oder der Sitz auf Opas Schoß.

Eifersucht unter Geschwistern und den Kindern von Geschwistern ist natürlich nicht zu vermeiden. Kinder sind auch nur Menschen: Sie wollen wichtig sein. Sie müssen erst lernen zu akzeptieren, dass alle anderen genau dasselbe wollen.

Erst allmählich sehen sie ein, dass sie am besten selbst etwas dafür tun, um liebens-würdig und anerkannt zu sein. Dabei können sie gar nicht oft genug die Erfahrung machen, dass Großeltern wie Eltern versuchen, so gerecht wie möglich zu entscheiden.

»Gerecht« heißt eben nicht »gleichmacherisch«, sondern »ganz nach dem augenblicklichen Bedarf«. Die Folge: Auch Ihre Enkelkinder werden immer wieder die Bestätigung suchen, dass jemand auf ihre Wünsche eingeht, sie ernst nimmt und nicht abwertet – auch und gerade, wenn ihre Wünsche nicht zu erfüllen sind! Kleine Kinder können da mit wortreichen Erklärungen (noch) nichts anfangen. Wichtig ist, dass sie nicht ihre Selbstachtung verlieren, sondern sich auch nach einem Nein oder einer Entscheidung zugunsten eines anderen Kindes anerkannt und geborgen fühlen.

Maria ist mit vielen Geschwistern aufgewachsen, hat in eine weitläufige Familie eingeheiratet und sieben Kinder großgezogen. Derzeit freut sie sich an zehn Enkelkindern – aber von Feiertagen, wo sie alle gleichzeitig das Haus bevölkern, hält Maria nicht sonderlich viel. »Da wird man ja keinem gerecht. So verschieden wie die sind! Das gäb' bloß eine große Enttäuschung – auch für mich selbst.«

Die mit Sicherheit größte Krise für das Selbstverständnis eines Kindes bedeutet es, wenn ein weiteres Kind geboren wird: »Wieso brauchen die Eltern ein zweites Baby, wenn sie doch mich lieben?« Gerade Großeltern können eine Menge dazu beitragen, dass die oft als mehr oder weniger folgerichtig angesehenen »Rückfälle« von Zwei- oder Dreijährigen nicht allzu lange dauern.

Nicht besonders hilfreich ist es, wenn das Neugeborene angepriesen wird mit: »Da bekommst du ja bald jemand zum Spielen!« Allzu leicht entsteht daraus nämlich das Missverständnis, mit dem Baby könne wie mit einem geschenkten Spielzeug nach Lust und Laune umgegangen werden – und dann ist die Enttäuschung bitter, wenn dem nicht so ist.

Andererseits kann auch nicht allzuviel Rücksichtnahme verlangt werden. Wer nicht mehr juchzen oder schluchzen oder nach der Mammi schreien darf, bloß weil »das Baby schläft ...«, wird schwerlich große Zuneigung zu dem kleinen Eindringling entwickeln.

Geradezu vergiftet würde das Verhältnis Großeltern-Enkel auf lange Zeit, wenn so ein Knirps mit dem begründeten Verdacht leben müsste, abgeschoben worden zu sein: »Oma und Opa soll ich bloß besuchen, weil ich zu Hause störe – das neue Baby ist viel wichtiger als ich ...«

✓ Wenn die Überzeugung gar nicht erst entstehen kann, dass nur umsorgt wird, wer die Windeln voll macht, dann geht jedes Kleinkind stolz auch weiterhin aufs »große Klo«.

✓ Wenn als Ausgleich für jene Zeiten, in denen das Baby die ganze Aufmerksamkeit der Erwachsenen beansprucht, auch Zeiträume vereinbart (und eingehalten!) werden, in denen nur »wir Großen« gemeinsam etwas unternehmen, dann läßt es sich leichter großzügig sein.

✓ Wenn beim Stillen niemand ausgeschlossen wird, dann müssen weder Vater noch Geschwister auf die Intimität zwischen Mutter und Baby eifersüchtig werden (Großmütter erinnern sich genau: Gerade anfangs ist die Nervosität oft groß beim Stillen, aber je selbstverständlicher das ältere Kind – am besten mit einer eigenen zu »stillenden« Puppe – mit einbezogen wird, desto weniger wird die Anwesenheit stören).

Und doch gibt es kein Familienleben ohne Streit. Das ist keine Tragödie. Viel schlimmer ist es, Streitfragen »unter den Teppich zu kehren« – denn dort können sie sich zu handfesten Krisen auswachsen. Schlimm wäre es auch, wenn »um des lieben Friedens willen« immer wieder der- oder dieselbe, angeblich »Klügere«, nachgeben soll. Und ganz schlimm ist es, wenn streitende Erwachsene ihren beunruhigten Kindern oder Enkeln versichern, es sei »gar nichts«!

Kinder haben ein überaus feines Gespür für Unstimmigkeiten. Sie fühlen sich natürlich belogen, missachtet und tief verunsichert durch so ein »gar nichts«. Schließlich kennen sie sich aus mit Streit. Sie plagen sich täglich damit herum, widerstreitende Interessen unter einen Hut zu bekommen, sich gegenüber Stärkeren durchzusetzen, überzeugende Argumente zu finden und Pläne zu entwickeln, die sie ans Ziel ihrer Wünsche bringen.

Wie und wo läßt sich »Streitkultur« und »faire Interessenvertretung« denn lernen, wenn nicht in der Familie? Dabei dürfen Erwachsene die Kinder natürlich nicht als Pfand oder »Verhandlungsmasse« betrachten oder versuchen, sie als »moralische Verstärkung« in die Meinungsverschiedenheit mit hineinzuziehen.

Beim Versuch aber, Kindern im Gespräch den Konflikt samt Hintergrund einigermaßen verständlich zu machen, wird erfahrungsgemäß oft ganz plötzlich doch ein Lösungsweg entdeckt ... Und dann ist es für Kinder ganz entscheidend, am lebendigen Vorbild zu lernen, wie viele Arten es gibt, sich zu entschuldigen, zu verzeihen, sich zu versöhnen und gemeinsam wieder neu anzufangen.

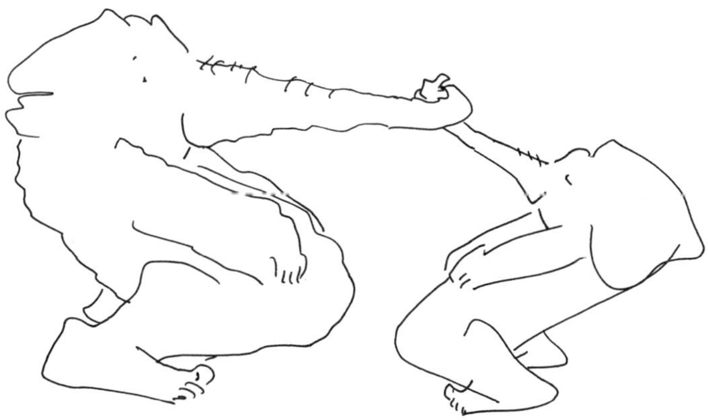

3
Beschützen oder Vernichten?

Chemie ist nicht gleich Sauberkeit

Die permanente Entwicklung neuer Produkte der pharmazeutischen und chemischen Industrie verhindert hierzulande, dass Menschen massenweise an Tuberkulose, Cholera, Kindbettfieber oder Typhus sterben müssen. Gleichzeitig läßt sich nicht mehr bestreiten, dass gerade die Bestandteile oder langfristigen Nachwirkungen von Desinfektionsmitteln und Reinigern keineswegs harmlos sind, dass Chemikalien gegen Pilzbefall, Insektensprays und die Ausdünstungen ausgeklügelter »Hygienebomber« uns chronisch oder gar sterbenskrank machen können.

Niemand muss Großeltern darüber aufklären, dass viele gefährliche Bakterien und Krankheitserreger sich in sauberer Umgebung nicht recht entfalten können, dass sie ihre Enkelkinder beschützen können. Doch was heißt schon »sauber«?

Keimfrei – desinfiziert – chemisch rein – steril – gegen Schädlinge imprägniert – gegen Fäulnis konserviert – gegen Altern und Verderb gespritzt, gewachst, bestrahlt: so werden Lebensmittel und Dinge angepriesen, mit denen wir tagtäglich umgehen. Lebens-Mittel?

Es ist wahr: Krankheitskeime und chronische Ansteckungsherde lassen sich mit Chemikalien weitgehend verdrängen. Doch gleichzeitig mit den Schädlingen werden nützliche, für die Gesundheit oft unentbehrliche Kleinstlebewesen vernichtet (beispielsweise die sogenannte Flora im Mund, in der Nase, im Darm). Und schon geraten im menschlichen Körper – ganz besonders im Körper von Kleinkindern – lebenswichtige Abläufe (die vom Willen ganz und gar nicht zu beeinflussen sind) völlig durcheinander.

Gerade wenn Ihnen diese Zusammenhänge nicht neu sind und Sie sich bereiterklärt haben, Ihr erstes Enkelkind mehr oder weniger intensiv und regelmäßig zu betreuen, sind Sie möglicherweise tief besorgt bei der Vorstellung, es vor all den schädlichen Umwelteinflüssen gar nicht bewahren zu können.

Machen Sie sich nicht verrückt mit dieser Idee!

Abgesehen davon, dass so etwas absolut nicht zu bewerkstelligen ist – dazu sind Menschen und Pflanzen, Wasser, Boden und vor allem die Luft schon viel zu stark belastet –, ist es auch gar nicht hilfreich, es zu versuchen, sondern oft ausgesprochen nachteilig für den kleinen Menschen.

Natürlich wird jeder vernünftige Erwachsene weder sich selbst noch ein Baby gezielt oder länger als unbedingt nötig Auspuffgasen aussetzen (je höher die Räder des Kinderwagens, desto besser!). Natürlich läßt man ein Kind das so »gesunde« Frischobst nicht ungewaschen essen. Natürlich hebt man nicht den Schnuller vom Gehsteig auf und steckt ihn dem kleinen Schreier gleich wieder in den Mund.

Aber Oma und Opa müssen sich in aller Regel nicht von Kopf bis Fuß desinfizieren, bevor sie ihr neugeborenes Schätzchen auf den Arm nehmen. Während der neun Monate im Mutterleib hat es normalerweise die ganze Palette der ersten überlebenswichtigen Schutz- und Abwehrstoffe mitbekommen.

✓ Babys brauchen keine superweißen, chlorgebleichten Papierwindeln. Im Gegenteil: Chlor kann genau wie Waschpulverreste die zarte Haut sehr reizen.

✓ Kleinkinder, die schon »ganz allein« essen können, brauchen kein steriles, wohl aber sauber gespültes Besteck; ihre Darmflora und ihre normalen Abwehrkräfte werden mit den »familienüblichen« Bakterien sehr gut fertig.

✓ Kein Enkelzimmer muss »vorbeugend« abgedichtet, chemisch behandelt oder täglich porentief geschrubbt werden. Inzwischen hat sich herausgestellt, dass die zurückbleibenden Dämpfe, Gase oder synthetischen Staubpartikel wesentlich gefährlicher sind als ganz gewöhnlicher Schmutz.

✓ Auch die frühere Sorge, bereits im Haushalt lebende Haustiere könnten Gesundheit oder Entwicklung eines Babys gefährden, gilt so nicht mehr. Es gibt im Gegenteil Langzeituntersuchungen, die belegen, dass Kinder, die mit Tieren aufgewachsen sind, als Jugendliche deutlich seltener unter allergischen Reaktionen zu leiden haben. Faustregel: je mehr verschiedene (gesunde) Tiere, desto besser!

Wohngifte – das ist der Sammelbegriff, der keineswegs nur in Familien mit kleinen Kindern Alarm auslöst. Dazu gehören Stoffe, die auch ältere Herrschaften krankmachen: etwa Dioxin, Formaldehyd oder PCP in Reinigungs- und Konservierungsmitteln (beispielsweise für die praktische Holzverkleidung des Kinderzimmers), im Lack für Kindermöbel oder in Farben für Plastikspielzeug.

Auch radioaktives Radon, das natürlicherweise in kleinsten Mengen nahezu überall im Boden vorhanden ist und über die Hausmauern in die Wohnungen gelangt, gehört in diese Kategorie.

Dazu kommen jene rund 60 000 handelsüblichen Chemikalien, deren langfristige positive wie negative Wirkungen auf Menschen jeden Alters und auf unsere Umwelt noch längst nicht erforscht sind.

Der Begriff Sauberkeit hat im Lauf der Jahre eine merkwürdige Entwertung erfahren. »Peinlich sauber« hieß eine der altmodischen Steigerungsformen, mit der ich als Kind überhaupt nichts anfangen konnte. Mit »rein« argumentiert die einschlägige Werbung. »Keimfrei« oder »steril« muss offenbar heutzutage etwas sein, damit man ihm Vertrauen schenkt – ganz besonders im Zusammenhang mit kleinen Kindern. Dabei sind gerade diese beiden Begriffe eigentlich eine Umschreibung für »ohne Lebenskraft« – also alles andere als eine ermutigende Gedankenverbindung!

Säuglingsnahrung – egal, ob vorfabriziert oder eigenhändig hergestellt – kann in jeder großelterlichen Küche zubereitet werden. Eigentlich sind nur zwei wichtige Punkte ins Gedächtnis zurückzurufen:

1. Milch ist ein idealer Nährboden für Krankheitskeime – deshalb nie offen stehenlassen; Reste von der vorigen Flaschenmahlzeit nicht bis zum nächsten Mal aufheben (sondern lieber gleich an die älteren Geschwister verfüttern); die Milchmischung fürs Baby immer im »eigenen« Kochgeschirr zubereiten; auf Vorrat gekochte Trinkmahlzeiten zugedeckt abkühlen lassen, dann im Kühlschrank aufbewahren und vor dem Füttern wieder auf Trinktemperatur erwärmen.

2. Babyflaschen und die dazugehörigen Sauger sollen besonders gründlich gereinigt werden – Routiniers entfernen Milchreste aus der Flasche mit der speziellen Flaschenbürste; Kautschuk- oder Silikonsauger werden erst mit Salz eingerieben und anschließend ausgespült; schließlich wird das gesamte Flaschen- und Saugersortiment in klarem Wasser ausgekocht (Kaltsterilisieren funktioniert mit Hilfe einer Tablette) und bis zum nächsten Gebrauch möglichst staubfrei aufgehoben.

Wenn kleine Kinder gebadet werden, dann nicht so sehr, weil sie »verdreckt« sind, sondern weil es ihnen so viel Spaß macht. Es muss auch wirklich nicht täglich sein – viele Babys kühlen dabei sehr aus, und der empfindliche Säureschutzmantel ihrer Haut wird (vor allem durch Shampoos oder Seife) arg strapaziert.

Übrigens: ein »schmutziger« Babypo gehört bekanntlich sowieso nicht ins Badewasser. Gereinigt wird er auf dem Wickeltisch mit lauwarmem Wasser und reizlosem (z.B. kaltgepreßtem Oliven- oder Sonnenblumen-) Öl. Wichtiger als alles Waschen ist ohnehin das anschließende Trockentupfen – besonders da, wo feuchte Hautstellen aufeinanderreiben und wund werden könnten: hinter den Ohren, zwischen Fingern und Zehen, am Hals, in Arm- und Kniebeugen und in der gesamten Windelgegend.

Beherrschen Sie noch die Geheimwissenschaft beim Wickeln, wie vier oder noch mehr Windelschichten haltbar in die richtige Reihenfolge zu bringen sind? Dann werden Sie zwar sicher viel bewundert, aber eigentlich ist das out – Windelhosen sind eine gute Erfindung! Die Kunst freilich besteht weiterhin darin, dafür zu sorgen, dass das Baby möglichst nicht wund wird: durch Trockenwindeln und Windeleinlagen aus Vlies-Stoff, saugfähiges und hautverträgliches Windelmaterial, genügend frische Luft und die richtige Körperpflege.

Altbewährte Wickelweisheiten:

- ✓ Allzuviel (Puder, Creme, Öl, Seife etc.) ist gar nicht gut.
- ✓ Stuhlreste sachte mit Zellstoff entfernen (bei Mädchen natürlich immer von vorn nach hinten, damit keine Darmbakterien in die Scheide gewischt werden), mit warmem Wasser oder Öl nachreinigen.
- ✓ Babypos, die weder entzündet noch gerötet sind, brauchen nur eine hauchdünne Schicht Puder (Spezialmischung aus der Apotheke: Talkum plus 10 bis 20 Prozent Bärlapp-Puder) oder eine winzige Menge Hamamelis-Salbe oder eine Einreibung mit Franzbranntwein-Gelee (fördert Durchblutung und Widerstandskraft). Ähnlicher Hautschutz bekommt gegebenenfalls auch strapazierten Knien und Fersen gut.
- ✓ Wundcreme bei Bedarf nicht zu dick auftragen – kleine Creme- und Puderklümpchen in den Hautfalten machen es nur noch schlimmer! Feuchtigkeitsabweisend und heilend ist eine Mixtur aus Lanolin und Kakaobutterflocken.

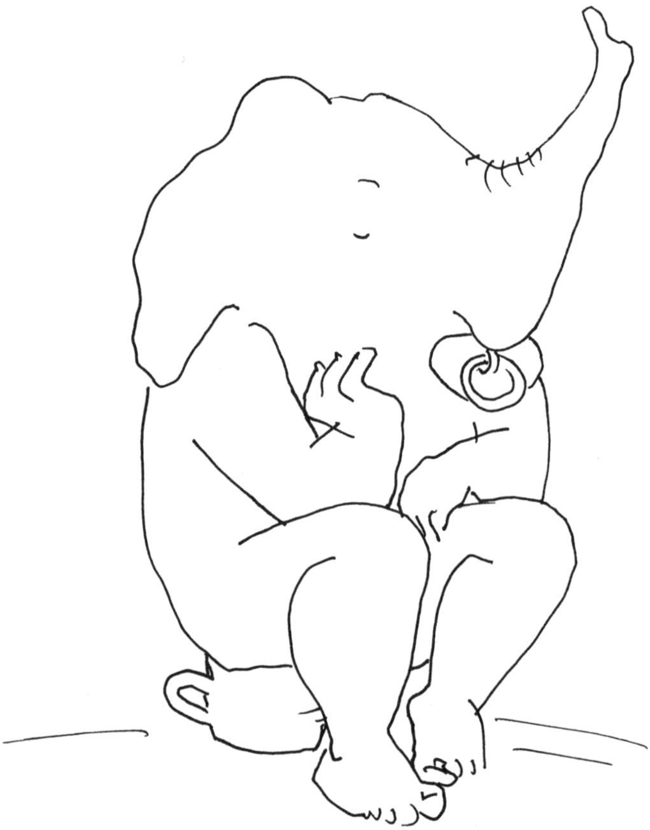

4 Protest und Trost, Schnuller- und Topfgeschichten

Von Dauer-Stress und eigenem Rhythmus

Babys sind einfach süß – besonders die in der eigenen Familie. Gar keine Frage!

Kein Zweifel: Enkelkinder, so verschieden sie auch sein mögen, gewinnen die Herzen ihrer Großeltern im Sturm. Und eines ist sicher: Im Zweifelsfall wissen Oma und Opa immer den besten Rat.Noch mehr dieser hübschen Vorurteile gefällig? Machen wir uns nichts vor: Das Leben mit Enkeln ist keine immerwährende Wonne. Enkelkinder sind auch anstrengend und irritierend. Zeitweise können sie Großeltern völlig hilflos machen und – je kleiner, desto eher – an den Rand der Erschöpfung bringen.

Dauer-Stress dieser Art wiederum verursacht bei den Eltern der Rasselbande ein schlechtes Gewissen – doch die Enkel sind sich keiner rechten Schuld bewusst. Das Schwierigste aber: Wo ältere Kinder sich immerhin aussprechen, ihre Ängste zumindest mitteilen können, da bleibt für Babys nur eines: Sie weinen.

Plötzlich ist es wieder wie schon vor Jahrzehnten. Das Baby schreit. Direkt beim Aufwachen oder ehe es einschläft, forderndrhythmisch oder wimmernd. Es gibt Alarm und will der begriffsstutzigen Umwelt beispielsweise mitteilen: Ich hab Hunger! Laßt mich endlich in Ruhe! Mein Bauch tut so weh! Ich will bei euch bleiben! So unwahrscheinlich es klingen mag: Auch Sie können sehr rasch wieder lernen, die Nuancen und Bedeutungen zu unterscheiden.

Allerdings sollten Sie trotz der ersten Enkelbegeisterung versuchen, sich vollständig an »damals« zu erinnern: Babys schreien auch aus völlig unerfindlichen Gründen: kein wunder Po, kein Durst, keine Langeweile, nicht zu warm oder zu kalt, nicht krank, nicht hungrig und nicht überdreht ...

Früher hieß es: »Gar nicht beachten, nur nicht verwöhnen – jedes Baby braucht seine Schreistunde, damit die Lungen sich kräftigen!« Damals litten die Kinder unter der Vergeblichkeit ihrer Signale.

Dann hieß es: »Kein Baby weint aus Schikane – Du musst einfach den Grund finden!« Daraufhin litten die Eltern unter der Vergeblichkeit ihrer Suche.

Heute dürfen Großeltern sich mit der wissenschaftlich fundierten Erkenntnis beruhigen, dass Babys nicht nur aus akuten Gründen, sondern auch zum Abreagieren, zum Entspannen, zum Bewältigen von schmerzlichen Erinnerungen schreien. Deshalb hören sie auch nicht auf damit, wenn die Mutter ihnen die Brust anbietet, wenn der Opa mit ihnen tobt oder Oma sie frisch wickelt – das einzige, was ihnen hilft, ist die (möglichst gelassene) Anwesenheit eines lieben Menschen, der zwar nicht wirklich etwas tun kann, aber Anteil nimmt.

Anerkennung und das Gefühl, aus eigener Kraft etwas bewirken zu können, brauchen wir alle, um selbständig zu werden. Deshalb verletzt es ein größeres Kind nur noch mehr in seinem Schmerz, wenn der Opa beschwichtigt: »Nun wein doch nicht gleich, ist doch nicht schlimm!« Nicht-Weinen-Dürfen ist schlimm!

Ein wehes Knie, ein verlorenes Spielzeug, ein Versprechen, das nicht gehalten wird, die Erinnerung an eine große Niederlage – alles ist Grund zum Weinen und sollte Anlass für Sie als Großeltern sein, gleich zu reagieren. Trost für ein Kind, für jeden Menschen bedeutet: Schmerz, Tränen oder Zorn werden ernst genommen, auch wenn nicht gleich Abhilfe möglich ist.

Oft sind Kinder besonders unruhig, wenn sie von ahnungslosen Erwachsenen gedrängelt oder gebremst werden, wenn man sie (gerade mit den besten Absichten) daran hindert, ihren eigenen Rhythmus zu entwickeln – beim Schlafen und beim Gefüttertwerden, beim Spielen oder Topfgehen, beim Lernen für die Schule und fürs Leben.

Andererseits sollten Großeltern nicht darauf verzichten, die Enkelschar mit den eigenen Bedürfnissen vertraut zu machen. Unsere Kinder, die gern und häufig ihre ganz unterschiedlichen Großeltern besuchten, können noch heute beeindruckt von der Zeitungslektüre nach dem Essen erzählen, der »heiligen Mittagsruhe«, oder von den unumstößlichen Riten beim Zubettbringen, die allesamt bis zum Beginn der Abendnachrichten abgeschlossen sein mussten.

Schonzeiten für Großeltern verdienen Respekt – schon zu Ihrem Selbstschutz!

In einer »Mundwelt« zu leben bedeutet, alles danach zu beurteilen, ob und wie es schmeckt, wie angenehm oder widerlich es sich im Mund anfühlt, ob das Dran-Lutschen beruhigt oder nicht. Babys, die diese Phase nicht ausleben durften, kommen oft als Erwachsene kaum mehr darüber hinaus, sind abhängiger von Süßigkeiten, Zigaretten etc. (Das klingt banal, aber: forschen Sie mal nach!)

»Daumen oder Schnuller?« Das ist für Babys keine problematische Frage. Erwachsene aller Generationen diskutieren darüber um so ausführlicher.

✓ **Für den Schnuller spricht:** Er läßt sich auskochen, desinfizieren, ersetzen; er soll durch die kieferorthopädisch richtige Form späteren Gebiss- und Kieferverformungen vorbeugen.

✓ **Für den Daumen spricht:** Er kann nicht verlorengehen oder über Bord geworfen werden; er fühlt sich immer vertraut an, hindert das Kind nicht so sehr am Sprechen, ist »das Natürlichste«.

Achtung: Öko-Tests haben gezeigt, dass zunehmend Allergien ausgelöst wurden durch MBT, eine Substanz, die man dem Naturprodukt Kautschuk beim Vulkanisieren (dem Prozess, der zu dauerhafter Elastizität führt) beimischt. Produktinformationen auf der Verpackung lesen: Es gibt auch Schnuller »ohne«!

Achtung: Immer mehr Spezialisten behaupten, die richtige Entwicklung des kindlichen Kiefers hänge vor allem von den intensiven Saug- und Mahl- oder Melkbewegungen beim Trinken an der Brust ab. »Normales« Daumenlutschen in den ersten drei Lebensjahren könne da nicht schaden – wobei »normal« bedeutet: vor allem beim Einschlafen und in stressigen oder unheimlichen Situationen.

Wenn allerdings »große Kindergartenkinder« auffällig viel lutschen, dann haben sie vermutlich ganz andere Gründe. Da wird durch Strafen, Drohungen oder Lächerlichmachen alles nur noch schlimmer.

Die beschämte Familie sollte sich lieber fragen, ob dem Kind nicht etwas fehlt. Vielleicht Selbstbewusstsein, das sich durch überbesorgtes Bemuttern (eine echte Versuchung für Großmütter!) gar nicht entwickeln kann?

Meist sind es nicht Worte oder Taten, die kleine und größere Kinder verunsichern, sondern eher atmosphärische Dinge wie eine ungeduldige Stimme, zerstreutes Zuhören oder der den Erwachsenen oft gar nicht recht bewusste Widerspruch zwischen Gesagtem und der eigenen Körpersprache.

Sie dürfen es ruhig zugeben: Als Sie selbst junge Eltern waren, wollten Sie es vermutlich auch nicht wahrhaben, inzwischen aber sind Sie ziemlich überzeugt davon, dass Beständigkeit, Zuverlässigkeit und eine gewisse Routine kleinen Kindern helfen, sich zurechtzufinden und das nötige Selbstvertrauen zu entwickeln. Das ist absolut kein Widerspruch zu Phantasie und Spontaneität, sondern die notwendige Ergänzung. Nur wer sich sicher fühlt, mag sich auf Neues einlassen, freut sich auf Überraschungen, entwickelt eigene Ideen, ist später neugierig im positiven Sinne, ohne leichtsinnig zu werden.

Mit zu den größten Umstellungen gehört die sogenannte Sauberkeitserziehung: von der ständigen »Entsorgung« im Mutterleib über die oft genug schmerzhaften Auswirkungen der eigenen Verdauung bis zum Sitzen auf dem Topf und schließlich dem »großen Klo«.

Abgesehen davon, dass unbeeinflußte Kinder ihre Körperausscheidungen nie als »Schmutz« empfinden (zunächst werden sie allenfalls als Ergebnis gewisser Strapazen bewusst, und später sind Kinder natürlich stolz darauf, dass sie unter Lob und Ermutigung der lieben Familie etwas in den Topf produziert haben!), können sie bis weit ins zweite Lebensjahr hinein die Schließmuskeln von Darm und Blase noch nicht kontrollieren.

Großmütter, die voller Triumph vermelden, bei ihnen sei das Baby, das noch nicht einmal frei sitzen kann, bereits »sauber«, betrügen sich einfach selbst und schaden auf jeden Fall ihrem Liebling. Denn höchstens aus Angst vor Missbilligung und Liebesverlust lassen sich Kleinkinder zur zeitweiligen Stubenreinheit dressieren. Überfordert und verängstigt sind sie allemal – deshalb auch die »ganz unerklärlichen« Rückfälle und vor allem: die weitere Entwicklung dieser »Musterbabys« zu sexuell mehr oder potenzielle verklemmten, oft geizigen und unterwürfigen Erwachsenen, die von allerlei chronischen Verdauungsproblemen geplagt werden.

Tröstliches rund um den Topf – zum Weitersagen:

- ✓ Weder ältere Geschwister noch Nachbars Enkel sind zum Vergleich geeignet – jedes Kind entdeckt die Nützlichkeit des Topfes zu »seiner« Zeit.
- ✓ Je regelmäßiger die Mahlzeiten, desto regelmäßiger die Verdauung, desto größer die Chance, mit dem Topf zur Stelle zu sein, wenn das große Drücken beginnt.
- ✓ Kleinkinder, die im Sommer möglichst häufig ganz ohne Windeln herumlaufen dürfen, gehen oft eher, bereitwilliger und bewusster auf den Topf.
- ✓ Übermäßiges Lob ist fast so schädlich wie Schimpfen. Wie sollen Kinder verstehen, dass der Topfinhalt, der den Opa gestern so entzückte, heute bei Omas Kaffeedamen auf Befremden oder gar Abscheu stößt?

- ✓ Fußbänkchen und Kindersitz fördern die Faszination fürs Klo der Erwachsenen und begrenzen die Kinder-Angst, ganz und gar darin zu verschwinden.

- ✓ Kein Kind bleibt nachts länger trocken, weil es schon ab nachmittags dursten musste! Ganz im Gegenteil: Unglückliche Kinder haben sich und ihren Körper viel schlechter »unter Kontrolle«.

- ✓ Großeltern, die nachts noch einmal eine Topfaktion starten, ehe sie selbst schlafen gehen, können sich meist auf eine Art Reflex verlassen – das Bächlein rinnt, ohne dass das Kind richtig aufwacht.

Geduld, freundliches Erinnern und der Verzicht auf jeglichen Zwang sind die einzig sinnvollen »Maßnahmen«. Sonst wird eine regelrechte Machtprobe aus der Frage, ob, wann, wie und mit welchem Erfolg ein Kind auf den Topf geht. Und eines ist seit Generationen klar: In diesem zermürbenden Kleinkampf ziehen ohnehin meist die Erwachsenen den Kürzeren.

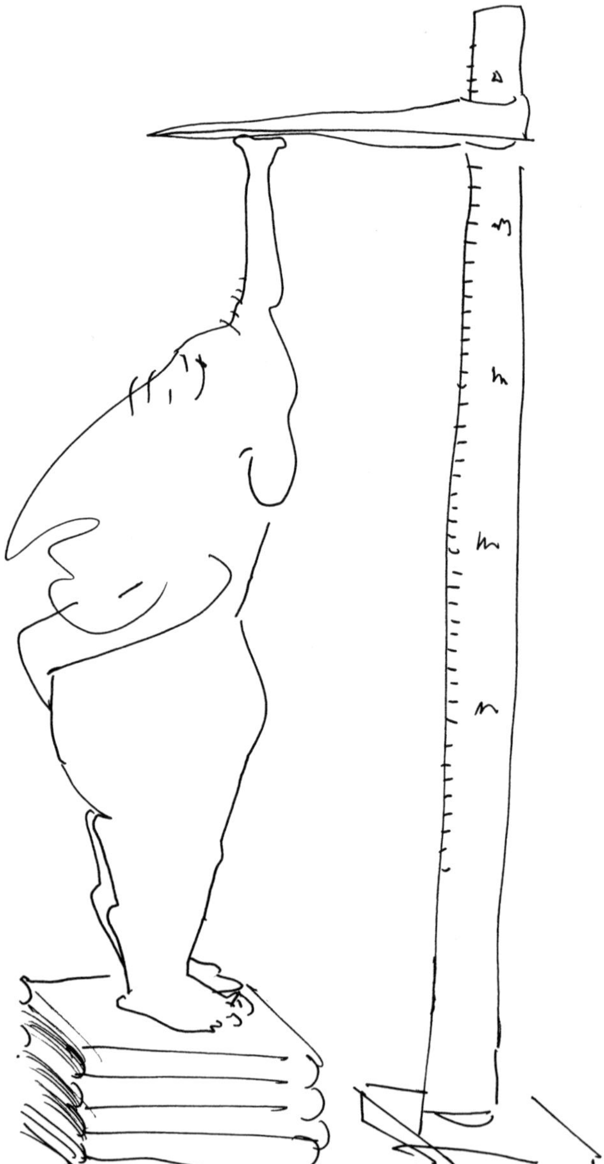

5
Tabellen, Faustregeln und persönliche Unverwechselbarkeit

Entwicklungsfahrplan statt Durchschnittskind!

Es war einmal eine Zeit – die Großeltern von heute waren eben geboren –, da galten Babys, die nicht nach einem festen Stundenplan gefüttert wurden, geradezu als verwahrlost. Heute ist Füttern nach Verlangen als die richtige Form anerkannt – was erfahrungsgemäß ganz und gar nicht verhindert oder ausschließt, dass sich nach einiger Zeit eine gewisse Regelmäßigkeit für die Fütterzeiten einspielt: anfangs sechsmal oder noch öfter in 24 Stunden, nach dem ersten halben Jahr oft nur noch viermal.

Weil aber stillen mehr bedeutet als nur sattmachen, können glücklicherweise auch Sie als Großeltern ein Baby mit der Flasche »stillen« – es beruhigen und trösten, es sich wohl und geborgen fühlen lassen.

Gleichzeitig werden Sie sich an ein paar elementare Unterschiede erinnern, die Ihnen einst selbstverständlich waren:

1. Brustkinder haben oft tagelang keine Darmentleerung, weil Muttermilch vollständig verdaut wird; andererseits ist auch mehrmals täglich pastenartiger, bernsteingelber Stuhl kein Grund zur Sorge.
2. Flaschenkinder produzieren zwei- bis dreimal täglich bräunliche, weiche Kügelchen.
3. Zuviel Milch im Nahrungsgemisch kann zu Milchnährschaden und zu Verstopfung führen. Der Stuhl ist dann nicht nur fest und bröckelig, sondern dazu kalkweiß oder lehmgrau. In solchen oder anderen hartnäckigen Fällen unbedingt den Kinderarzt fragen, der hilft, die richtige Diät zusammenzustellen. Keine Experimente!

Gegen Durchfall empfehlen manche Kinderärzte weiterhin Cola mit Salzstangen als »Medizin«; viele verordnen eine »Teepause«, d.h. sehr, sehr dünnen, echten schwarzen oder auch grünen Tee, der mindestens fünf Minuten lang gezogen hat (erst dann entfalten sich bekanntlich seine beruhigenden Wirkstoffe – vorher sind es nur die an- und aufregenden Elemente).

Entscheidend ist, dass das kranke Kind weder Milch noch Zucker bekommt und zugleich der starke Flüssigkeitsverlust ausgeglichen wird. Die anschließende Schonkost (z.B. Reisschleim oder Karottensuppe) soll Flüssigkeit im Körper binden und darf deshalb relativ salzig sein.

Tipps aus meiner Kinderzeit:

1. Stopfend und heilend wirkt vor allem auch warmer Heidelbeer-Muttersaft (aus dem Reformhaus) mit Zimt.
2. Ein »ordentlich dicker« Haferflockenbrei hingegen wirkt absolut abführend – auch wenn er nicht so aussieht!

Verstopfung kann ein kleines Kind sehr plagen. Wenn also mehrere Tage lang die Windeln »sauber« geblieben sind, ist Verzicht angesagt auf so »gesunde« Dinge wie Bananen, geriebener Apfel oder Karotten – statt dessen als »Medizin« nach jeder

Flaschenmahlzeit zwei Teelöffel Malzextrakt, pur vom Löffel zu schlecken.

Wenn Großeltern zusammensitzen, können sie stundenlang davon erzählen: Jedes Kind entwickelt sich nach seinem ureigenen Plan. Der umfasst neben Riesenschritten vorwärts durchaus auch einmal Stillstand – nicht nur beim körperlichen Wachstum, sondern auch bei der geistigen und der seelischen Entwicklung, die ja mindestens ebensoviel Pflege und Bestärkung brauchen. Deshalb lassen sich in dieser Hinsicht nicht einmal Geschwister – und schon gar nicht die eigenen Kinder mit den Enkeln – vergleichen.

Zahllose »schlaue« Schaubilder und Statistiken unterschiedlichster Herkunft wollen besorgten Großeltern nahebringen, was ihr Liebling in welchem Alter angeblich schon können muss oder nicht mehr tun darf. Erinnern Sie sich? »Das Durchschnittskind«

- ✓ hebt im 1. Monat in Bauchlage kurz den Kopf
- ✓ kann im 2. Monat bewusst lächeln
- ✓ erfindet ab dem 3. Monat vergnügt allerlei Laute
- ✓ lässt sich im 4. Monat immer wieder zu »Backe-backe-Kuchen« animieren
- ✓ kann im 5. Monat absichtlich loslassen – und macht sich einen Spaß daraus
- ✓ wird mit einem halben Jahr vielleicht fremdeln und
- ✓ vermutlich ab dem 7. Monat den ersten Zahn produzieren
- ✓ spielt im 8. Monat ausdauernd »Kuckuck«
- ✓ knabbert im 9. Monat selbständig Brotrinden oder einen Zwieback

- ✓ beginnt im 10. Monat unermüdlich zu krabbeln
- ✓ fühlt sich im 11. Monat beim Namen angesprochen
- ✓ und sollte nach dem ersten Jahr nicht mehr schielen

Vom Durchschnitts-Zeitpunkt des ersten Liebeskummers, vom ersten Sitzenbleiben oder jener abgrundtiefen Übelkeit nach dem Genuss der ersten Zigarre steht vorsichtshalber nichts in den Tabellen.

Allgemeine Faustregel:

1. Kinder, die später als ihre Altersgenossen anfangen zu laufen, sprechen dafür mehr und früher.
2. Schnell-Läufer hingegen erkennen oft relativ spät die Macht der Worte.

Derartige »Normalitäten« als Erfahrungswerte kennenzulernen, mag ganz amüsant sein. Gefährlich wird es, sobald sie als »Muss« missverstanden werden. Ein umsorgtes Baby, das nicht auf den Zentimeter oder 100 Gramm genau dem statistischen Idealbild entspricht, ist selbstverständlich in Gefahr. Allerdings nicht etwa, zu verhungern, sondern überfüttert zu werden!

Zuverlässiger als Kinderwaage oder Metermaß beweisen Appetit, gute Laune, Neugier und ruhiger Schlaf, dass Ihr Enkelkind sich »normal« entwickelt. Mit »Norm« und Schablonen hat das nichts zu tun – und wer präsentiert sich schon gern mit einem »Durchschnittsenkel«?

Enkel aller Altersklassen jedenfalls sind – trotz ihrer Begeisterung für das Argument »Alle andern dürfen, bloß ich nicht ...« – ausgesprochen stolz darauf, unverwechselbar sie selbst zu sein.

Statt sich also um den Intelligenzquotienten zu sorgen und ehrgeizig drängelnde »Förderprogramme« zu kaufen, begleiten verständige Großeltern liebevoll, geduldig und staunend die unterschiedlichen Wachstumsschritte ihrer Enkelkinder.

Und wenn Sie ab sofort außer Fotoalbum, Ton- und Videofilmarchiv oder diversen Kurven zu Wachstum und Gewichtszunahme auch eine Art »Enkel-Chronik« anlegen, dann wird das nicht nur zur eigenen Freude und Erinnerung sein!

Kindergarten- und Schulkinder, sogar noch Abiturienten entdecken nämlich in den Stichworten über ihre Entwicklung, in kleinen Geschichten über ihre phantasievollen Ideen und ersten Aktionen, in den späteren Wortschöpfungen und kleinen Heldentaten, in den festgehaltenen Lieblingssätzen und aufbewahrten Ferienbriefen immer wieder gern und ganz sonderbar gerührt jene ferne und doch so vertraute Persönlichkeit: sich selbst.

6 Ersatzeltern, Haustiere und ständige Begleiter

Vom Fremdeln und vom Selbst-Bewusstsein

Jedes Kind will einzigartig sein. Und jedes Kind will dazugehören. Das ist durchaus kein Widerspruch. Dieser Wunsch beschränkt sich auch nicht auf Kinder.

Etwa nach dem ersten halben Jahr wird einem Baby bewusst, dass unter den freundlichen Gesichtern, die sich über sein Körbchen beugen, die vertrauten, beruhigenden sind und andere, eher beunruhigende – das Kind fremdelt. Es lernt zu unterscheiden, auf Distanz zu gehen. In der weiteren Entwicklung führt das so weit, dass es sich selbst höchst distanziert wahrnimmt. In der Regel erst um den zweiten Geburtstag wird ihm plötzlich klar, dass es ein Ich ist und sich anderen »Ich«s gegenüber behaupten kann.

So wichtig dieses Wachsen von Selbst-Bewusstsein ist, so wichtig sind die damit verbundenen Konflikte. Während Ihr Enkelkind lernt, eigene Beziehungen zur Umwelt aufzunehmen und auszuhalten, müssen vor allem Sie als besorgte Großeltern lernen, dass Sie Ihrem Liebling nicht alles »ersparen« dürfen.

Eigenständigkeit und Selbstvertrauen können nur wachsen, wenn der Mensch erlebt, dass er ganz allein etwas bewirken kann – im guten Sinne wie mit negativen Folgen. Schwierigkeiten abnehmen bedeutet auch: Erfahrungs-Chancen wegnehmen!

Kinder brauchen andere Menschen. Nicht nur Eltern und Großeltern zum Hungerstillen, Trockenlegen, Spielen, Trösten und Beschützen, sondern auch andere Kinder. Um zu lernen, sich zu messen und sich selbst kennenzulernen. Großeltern lassen sich da nicht täuschen: Kinder mögen andere Kinder; selbst wenn es so aussieht, als spielten sie nur nebeneinander her. Schon lange vor dem sogenannten »Kindergartenalter« sind Krabbelkinder gern beieinander. Babys genießen es sichtlich, von Größeren beachtet zu werden, Kindergartenkinder und Schulanfänger sind stolz, wenn sie nicht nur den Großeltern, sondern auch Jüngeren etwas zeigen oder erklären können.

Während der ganzen Schulzeit (und darüber hinaus) ist es wichtig, mit all jenen Standards und Wertmaßstäben zurechtzukommen, die die Gleichaltrigen setzen. Großeltern verstehen natürlich diese Sorge ihrer Enkel, nicht mithalten zu können. Ihr Vorteil ist es, dass Sie unbeschwerter auf den Zaubersatz reagieren können, der da heißt: »Alle andern dürfen ...«

Andererseits gelingt es Ihnen möglicherweise besser als den Eltern, eine gewisse Unabhängigkeit von fremden Normen vorzuleben und dadurch die jungen Menschen auch ohne große Worte zu ermutigen, ihre eigenen Standards zu entwickeln, zu verteidigen und – bestenfalls – bei den Gleichaltrigen als Maßstab oder Richtwert durchzusetzen.

Berufstätige oder alleinerziehende Eltern kümmern sich früher als andere um neue Kontakte und Betreuungsmöglichkeiten für den Nachwuchs – notgedrungen. Niemand gibt leichten Herzens ein Kleinkind weg, nicht einmal in die Obhut der Großeltern. Doch schlimmer noch als die Trennung ist es für Kinder, wenn sie spüren müssen, wie zwiespältig Eltern und Großeltern reagieren!

Am besten schaffen Sie es, sich aus den Teufelskreisen zu befreien, wenn Sie sich gemeinsam klarmachen, wie sie funktionieren und wie sehr Ihr eigenes unsicheres Verhalten sie verfestigen würde:

1. Je größer die Sorgen, desto stärker die Vorbehalte, desto weinerlicher das Kind, desto massiver die Selbstvorwürfe, desto gereizter Mutter und Großmutter, desto verstörter das Kind – eine unerträgliche Situation für alle!
2. Je zufriedener das Kind, desto zuversichtlicher die Groß- oder sonstige Ersatzmutter, desto eifersüchtiger die Mutter, desto stärker die Vorbehalte, desto weinerlicher das Kind, desto .... – ein programmiert böses Ende!

Kinder können mit zwiespältigen Gefühlen von Erwachsenen nicht umgehen – sie brauchen alle Kraft, um mit den eigenen fertig zu werden! Kinder kommen in neuen Situationen umso besser zurecht, je positiver sie ihnen aus der Sicht der beteiligten Erwachsenen vermittelt werden.

Wenn deshalb nach gründlichem Abwägen der Alternativen die Entscheidung für die derzeit sinnvollste Lösung gefallen ist, dann müssen alle dazu stehen, damit das (Enkel)kind sich darauf einlassen kann. Nur so entsteht die Chance, das Beste draus zu machen!

Gesetzlich garantierter Erziehungsurlaub für Vater oder Mutter, eine Tages- oder Wochenpflegestelle übers Jugendamt, einer der raren Plätze in einer Kinderkrippe oder einer der demnächst vielleicht wirklich verfügbaren gesetzlich garantierten kommunalen Kindergartenplätze – mehr gibt es kaum an offiziellen Dauerlösungen, und jede hat ihre speziellen Nachteile. Stundenweise Babysitter, die Oma zu Besuch, die Frau Nachbarin und vor allem die Eltern/Kinder-Selbsthilfegruppe können von Fall zu Fall ideal sein, sie lösen weniger die Berufsprobleme, bieten aber den kleinen Kindern eher, was sie sich immer wünschen: Aufmerksamkeit, Zuneigung und vor allem auch Freunde.

Mit Freunden läßt sich's leichter leben und lernen. Im Idealfall sind auch Großeltern Freunde und helfen mit beim Üben: sich zu behaupten und sich einzuordnen, zu teilen und zu bitten, anzunehmen, sich zu verweigern, Enttäuschungen zu verkraften und sich gegenseitig zu vertrauen.

Unter gleichaltrigen Freunden verliert die Welt der Großen ihre übermächtige Präsenz, Freunde machen sich gegenseitig und miteinander stark. Mit Freunden gelingt es auch, Angst zu überwinden.

Freunde sind aber nicht immer und notwendigerweise Menschen. Auch ein Meerschweinchen, ein Kaninchen, eine Katze oder ein Hund können – die nötigen Lebensbedingungen zu Hause (oder eben bei den Großeltern) vorausgesetzt – zum Vertrauten, zum ständigen Begleiter von etwas älteren Kindern werden. Dazu gehört freilich auch, dass Kinder schon einigermaßen verstehen, welche Verantwortung sie für ein anderes Lebewesen übernehmen. In guten Tierhandlungen und bei den Tierzüchtern gibt es wichtige Hinweise und die richtigen Tips.

Weit problemloser ist der Umgang mit den stummen ständigen Begleitern, also mit Lieblingsplüschtier, Minikissen oder Schmusedecke. Es sei denn, sie müssten gewaschen werden – das kann herzzerreißende Folgen haben!

Hoffentlich passiert es Ihnen nie, dass Sie als waschwütiger Erwachsener jenen gewissen Duft, den wunderbar tröstenden, diesen zauberhaft beruhigenden, zerstören! Ohne lange, vorbereitende Gespräche, viel Geduld und Fingerspitzengefühl wird da gar nichts zu machen sein, wenn Sie nicht, nur wegen Ihres Hygienebewusstseins, einen schweren Vertrauensbruch riskieren wollen.

Die Blitzableiter-Puppe
Ein ganz besonders hilfreicher und lernfähiger Kumpan für kleine Zornigel ist die Blitzableiter-Puppe oder der »Prügelknabe«: Für alle Fehler und Streiche darf man sie oder ihn schimpfen; beide lassen Belehrungen hundertfach über sich ergehen und nehmen es auch nicht krumm, wenn sie in die Ecke gepfeffert werden – denn auch das brauchen Kinder, genau wie ihre Großeltern und alle anderen Menschen: eine Möglichkeit, Dampf abzulassen, ohne jemanden an Leib oder Seele zu verletzen!

Noch strapazierfähiger sind die bei Drei- bis Achtjährigen zeitweilig hochaktuellen Freunde, die so unsichtbar wie unbesiegbar, allgegenwärtig und schier allwissend im Kinderzimmerschrank, im Keller oder einem sonstigen Versteck hausen. Ein bisschen aufpassen müssen Eltern und Großeltern allerdings, dass der phantasievolle (und vielleicht zu oft alleingelassene?) Nachwuchs darüber nicht alle leibhaftigen Freunde vergisst.

7
Menschliche Ansprüche im Informationsdschungel

Von Gesetzen, Terminen und Hilfsangeboten

Vorschriften und Formulare, Antragsfristen und Terminsachen: Junge Eltern und alleinerziehende Mütter oder Väter haben neben Babytränen und Ernährungsfragen noch eine ganze Menge anderer Sorgen. Auch wenn sie die Entscheidungen letztlich selbst treffen wollen und müssen, sind sie froh, wenn sie bei Bedarf in den eigenen Eltern eine möglichst kompetente Beratungsinstanz finden.

Die handfesten technisch-praktischen Hilfestellungen, insbesondere vom jungen Großvater, werden ohnehin jederzeit dankend angenommen. Darüber hinaus ist es gut, wenn gerade Sie als Großeltern wissen, dass es eine Reihe von Organisationen, Informationsquellen und verbindlichen Regelungen gibt, von denen Sie selbst als junge Eltern möglicherweise nur träumen konnten, die aber heutzutage ganz selbstverständlich etwas Durchblick, moralische und auch finanzielle Unterstützung verschaffen.

Die entsprechend dem Einzelfall zuständigen Anlaufstellen sind zu präzisen Auskünften oder möglichen Hilfsmaßnahmen verpflichtet:

1. Bei Fragen zur medizinischen Versorgung: Gesundheitsämter und Krankenkassen
2. Bei Fragen zur finanziellen Absicherung oder zusätzlichen Unterstützung: Krankenkassen, Jugendamt, Sozialamt, Gewerkschaft, Betriebsrat, Kindergeldstelle des Arbeitsamtes, Wohngeldstelle, Finanzamt, Sozialdienste, Budget- und Sozialberatungsstellen
3. Bei Fragen zum Arbeitsrecht und Mutterschutz bzw. Erziehungsurlaub: Betriebsrat, Gewerkschaft, Gewerbeaufsichtsamt oder Arbeitsinspektorat, Arbeitsamt
4. Bei Fragen zum Mietrecht: Mieterschutzbund, Wohnungsamt, Sozialamt
5. Bei Fragen im psychologischen Bereich, also von Familienplanung über Partnerprobleme bis zu Erziehungsschwierigkeiten: Beratungsstellen der Gemeindeverwaltung, der Kirchen, der Wohlfahrtsverbände, Pro Familia und ähnliche anerkannte, unabhängige Organisationen. Daneben arbeiten die unterschiedlichsten Netzwerke vom Kinderschutzbund bis zu mehr oder weniger institutionalisierten Gruppen von Eltern, deren Kinder drogenabhängig, körperlich oder geistig behindert, hoch- oder minderbegabt oder auf andere Weise »auffällig« sind.

Zusätzliches schriftliches Informationsmaterial gibt es beispielsweise bei den Ministerien für Arbeit, Familien und/oder Sozialordnung der einzelnen Bundesländer, beim österreichischen Bundeskanzleramt und bei den kantonalen Fürsorgeämtern in der Schweiz.

Praktische und menschliche Unterstützung wird sich übrigens am leichtesten und geradezu selbstverständlich durch das eigene Engagement in Selbsthilfe-Gruppen, Frauenhäusern, Nachbarschaftszentren und mancherlei anderen Initiativgruppen ergeben.

Das genau entdecken zunehmend auch ältere Menschen – mit und ohne Enkelkinder. Sie finden hier ein ebenso dringliches wie lohnendes Betätigungsfeld – und Bestätigung obendrein. Denn »Zielgruppe« für die diversen juristischen, ökonomischen und psychologischen Unterstützungsbemühungen sind nicht allein junge Eltern, sondern ganz allgemein Familien und zunehmend die ältere Generation: tatkräftig, problembewusst und lieber »nützlich«, als einsam.

Besonderes Augenmerk richten seit einigen Jahren die umsichtigeren der Familien- und Sozialpolitiker/innen auf die Arbeitswelt: Da immer mehr Frauen immer besser für Berufe ausgebildet werden, in denen sie gern tätig sind und anerkannt gute Arbeit leisten, besteht für immer weniger junge Mütter eine große Verlockung oder Erleichterung darin, diesen Beruf zugunsten der Kinder möglichst bald völlig aufzugeben.

Da außerdem immer mehr junge Männer erkennen und erleben, wie menschlich lohnend und erfüllend »Familienarbeit« sein kann, verlangen auch sie nach besser ausgewogenen, praktikablen Möglichkeiten, Familie und Beruf »unter einen Hut« zu bekommen. Deshalb sind weder die einen »karrieregeil« noch die anderen »Versager« oder alle miteinander »Rabeneltern«.

Später Trost für uns in die Jahre gekommenen 68er. Doch wohl kaum Anreiz genug, es noch einmal neu mit der Vaterrolle zu versuchen. Eigentlich genügt es voll und ganz, dass – solange die Frage der Betreuung für ältere Kinder nicht in einer Weise geregelt ist, die es Müttern und Vätern erlaubt, ohne Selbstverleugnung und Gewissensbisse berufstätig zu sein – ohnehin letztlich immer die Großeltern als rettender Anker gefragt sein werden.

Im Dschungel der hilfreichen Informationen können ganz unterschiedliche kirchliche, kommunale, staatliche, von Wohlfahrtsverbänden getragene oder unabhängig arbeitende Beratungsstellen Auskunft geben darüber, welche Organisationen, Hilfsprogramme oder Stiftungen wegen finanzieller Unterstützung anzusprechen sind.

Unterhaltsvorschuss für uneheliche Kinder und möglicherweise ihre Mütter, Erziehungsgeld während des Erziehungsurlaubs unter bestimmten Voraussetzungen, Wohngeld, Sozialhilfe oder Hilfe zum Lebensunterhalt sind allesamt keine Almosen, sondern beruhen hierzulande auf Rechtsansprüchen.

> *Oft sind allerdings gar nicht so sehr die materiellen Umstände das Problem. Uta, eine mir bekannte Großmutter aus der Gegend um Wismut, erlebt das verblüffend ähnlich wie Opa Gerald, den ich im nördlichsten Schottland traf, oder ein befreundetes Ehepaar mitten in Berlin: »Diese jungen Familien sehen ihre ganz persönlichen Perspektiven bedroht durch die politischen Zustände und die leider absehbare Entwicklung. Egal, ob Sozial-, Arbeitsmarkt-, Atom- oder Außenpolitik, egal ob sie demonstrieren oder nicht: Die machen sich größte Sorgen um die Zukunft!«*

Und wenn ich ehrlich bin: Ich weiß auch heute keinen besseren Rat als »Wehrt Euch!«

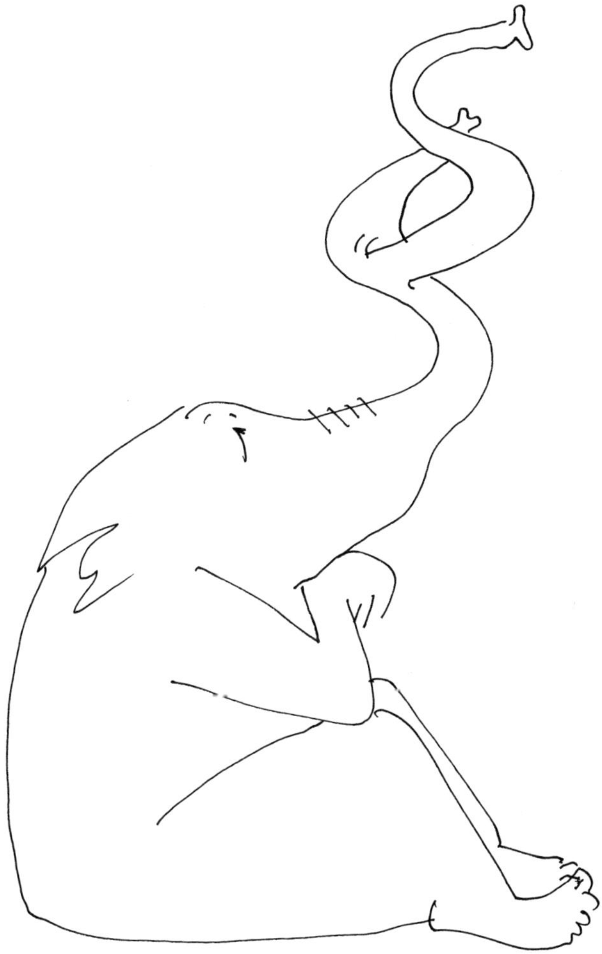

8
Gifte, Pflanzenmedizin und Unfallverhütung

Von der Hausapotheke samt erprobten Rezepten

Das Zweitwichtigste an der Hausapotheke ist ihre gelegentliche Entrümpelung. Arzneien können nicht nur verderben (beispielsweise Augentropfen, deshalb das Verfallsdatum), sie können auch krankmachen, statt zu heilen. Denn was vor Monaten bei Opas Grippe geholfen hat, ist im Zweifelsfall weder gegen die Erkältung der stillenden Schwiegertochter, noch bei Kinderhusten angezeigt.

Alle Großeltern haben am liebsten gesunde Enkelkinder. Dennoch: Spätestens, wenn die Kleinen als mehr oder weniger regelmäßige Gäste ins Haus kommen, sollte die Grundausstattung des Medizinschränkchens mit dem Haus- oder Kinderarzt besprochen werden.

Nicht vergessen:

Erste-Hilfe Fibel, z.B. vom Roten Kreuz, und eine Liste mit den wichtigsten Telefonnummern, als da sind:

1. Notruf
2. Ärzte
3. Feuerwehr
4. Krankenhaus
5. Apotheke und
6. Informationsstelle für Vergiftungen.

Außerdem: Arzneimittelreste gehören nicht in den Hausmüll, sondern ins »Giftmobil« (leider gibt es das noch nicht in jeder Gemeinde – und immer noch stellt sich bei genauerem Nachforschen heraus, dass allzuoft auch der Inhalt des »Giftmobils« auf der ganz normalen Müllkippe entsorgt wird!).

Idealerweise hängt die verschlossene Hausapotheke in einem kühlen Raum, möglichst unerreichbar für kühne Kletterkinder (Schlüssel an einem anderen sicheren Ort verwahren!). Wärme und hohe Luftfeuchtigkeit schaden den Wirkstoffen der Medikamente!

Grundregeln für den Umgang mit Arzneien:

✓ Kleinkinder nie ohne Rücksprache mit dem Kinderarzt behandeln.

✓ Jede neue Medizin gleich mit Datum, Namen des Patienten und Verwendungszweck kennzeichnen, damit nichts verwechselt wird.

✓ Genau an die Einnahmevorschrift halten: In falschen Mengen oder zum falschen Zeitpunkt gegeben, nützt die beste Arznei nichts.

✓ Nie aus Gewohnheit, auf Verdacht oder aus Sparsamkeit einfach die Reste vom »vorigen Mal« verwerten: Gleiche Symptome können ganz unterschiedliche Ursachen haben und erfordern eventuell eine völlig andere Behandlung!

✓ Kinder sollen möglichst früh lernen, dass Medizin für gesunde Menschen Gift sein kann und deshalb auch beim schönsten Doktorspiel tabu bleiben muss!

Schon bei meiner eigenen Großmutter war es üblich, dass Medikamente (ganz besonders die reizvollen bunten Pillen und Käpselchen) nie am Krankenbett stehenblieben, sondern wie für eine kleine Zeremonie auf einem besonderen Tablett gebracht, nach Vorschrift gegeben und die restlichen anschließend gleich wieder mitgenommen wurden.

Immer mehr Großeltern wollen bei Gesundheitsstörungen nicht »schwere Kaliber« auffahren, sondern sich auf die Kräfte der Pflanzenmedizin, auf Naturheilverfahren und auch das Wissen anthroposophischer und homöopathischer Ärzte verlassen.

Gelegentlich gibt es Irritationen und Verunsicherung, wenn wieder einmal altbewährte Mittel und Substanzen ins Gerede kommen. Dabei wird versucht, mit »rein wissenschaftlichen« Präzisionsanalysen und Prüfverfahren entweder die Wirksamkeit in Zweifel zu ziehen oder die Gefahr von Vergiftungen heraufzubeschwören.

Ganzheitlich denkende und behandelnde Ärzte oder Heilpraktiker arbeiten jedoch aufgrund jahrhundertealter Überlieferungen, ihre Erfahrungen und Erfolge beruhen auf höchst differenzierten Therapien.

Aus meiner eigenen Kindheit weiß ich noch bestens: Neben Kräutern, ätherischen Ölen, Tees und Säften gehören zu den bewährten Hausmitteln vor allem Wickel, Waschungen, Bäder und Kompressen.

✓ Ansteigendes Heublumen- oder Schlenzbad (Dauer etwa eine Stunde) bewirkt Heilfieber bei Bronchitis, Angina, Grippe und verschiedenen Entzündungen. Eine Stunde im Bett nachschwitzen lassen, lauwarm abwaschen, abtrocknen, frische Wäsche anziehen und zurück ins Bett.

✓ Kalte Ganzwaschungen fördern den Schlaf bei kleinen Kindern, sind auf schonende Weise kreislaufanregend, fiebersenkend. Die richtige Reihenfolge: Rechter Arm, linker Arm, Hals, Brust, Rücken, rechtes Bein, linkes Bein, Bauch. Nicht abtrocknen, gut zudecken, damit das Kind nach spätestens 20 Minuten wieder warm ist.

✓ Teilwaschungen mit kaltem Salzwasser (ein gehäufter Esslöffel Adria- oder Nordseesalz auf einen halben Liter Wasser): gute »Abhärtungskur« oder Prophylaxe gegen Halsentzündungen. Sechs Wochen lang abends direkt vor dem Schlafengehen Oberarme, Hals und Oberkörper des Kindes mit einem in der Salzlösung getränkten Waschlappen kräftig rubbeln, bis sich nach zwei bis vier Minuten die Haut rötet. Nicht abtrocknen, gut zudecken.

✓ Eiskalte Kompressen sofort auflegen gegen Beulen und Schwellungen; schmerzlindernd bei Quetschungen und Blutergüssen.

✓ Heiße Kompressen lindern Entzündungen und krampfartige Schmerzen.

Merksätze für Wasseranwendungen:

1. Sie dürfen dem Kranken nicht unangenehm sein.
2. Kaltes Wasser nur auf gut durchwärmte Haut bringen.
3. Fröstelnde Kranke und kleine Kinder nur mit warmem Wasser behandeln.
4. Lauwarmes Wasser erzielt keine eigene Wirkung.

5. ***Trockengewordene Wickel können nichts mehr ausrichten.***
6. ***Nach der Wasseranwendung eine Stunde ruhen lassen.***
7. ***Je sicherer, genauer, rascher und ruhiger die Ausführung, desto nachhaltiger die gute Wirkung!***

Wickel bestehen generell aus drei Tüchern in folgender Reihenfolge von innen nach außen: nasses Tuch aus Leinen oder Naturseide, darüber ein etwas breiteres Zwischentuch aus Leinen und schließlich ein Wolltuch als wärmende Außenhülle, das oben und unten breiter als das Zwischentuch sein sollte, damit der gesamte Wickel besser abschließt.

✓ Kalte Wadenwickel wirken fiebersenkend und beruhigend.

✓ Heiße Halswickel wirken schmerzlindernd bei Halsweh.

✓ Lehmwickel (aus nicht zu fest angerührtem Heilerdebrei) helfen gegen örtliche Entzündungen; selbst auf offenen Wunden anwendbar, keine Wundstarrkrampfgefahr.

✓ Heiße Brustwickel bewähren sich seit Generationen gegen quälenden Husten. Länger wirksam sind sie, wenn das Innentuch in heißes Öl getaucht wurde.

✓ Kartoffelwickel als regelrechte Schwitzpackung: Drei bis vier kochendheiße Pellkartoffeln auf dem Innentuch zerdrücken, auf »Brustbreite« verteilen und in das Tuch einschlagen. Sobald irgend möglich, legt sich der Patient mit der Brust darauf, dann wird der Wickel wie üblich festgesteckt und erst nach einer Dreiviertelstunde wieder abgenommen. Den ganzen Körper kurz lauwarm abwaschen und frische Wäsche anziehen. Hilft auch hustenden Großeltern ausgezeichnet!

Kleine Kinder leben gefährlich – zu Hause und im Freien. Alle Unfallmöglichkeiten auszuschließen, die zum Verhängnis werden können, ist schier unmöglich. Aber allen Großeltern ist es dringend zu empfehlen, die eigene Wohnung einmal aus der Kleinkindperspektive zu betrachten und die nötigen Konsequenzen zu ziehen – ehe ihr krabbelndes Enkelkind zu Schaden gekommen ist ...

Großeltern dürften aus ihrer Elternzeit noch wissen: Von kleinen Kindern sind weder Vorsicht und Vernunft, noch Gehorsam oder Risikoabwägung zu erwarten. Strafen und Drohungen sind in diesem Zusammenhang besonders fehl am Platz, weil völlig wirkungslos. Spielende Kinder können sich nicht an Verbote erinnern. Damit überfordern wir sie. »Schuld« an Unfällen mit Kindern sind immer die Erwachsenen, ob sie nun in der Nähe waren oder nicht.

Unser Freund Frank, erfahrener Architekt und Großvater, definiert eine Wohnung als »einigermaßen kindersicher«, wenn vermeidbare Gefahren ausgeräumt und unvermeidliche Gefahrenquellen so gut wie möglich abgeschirmt wurden.
Das heißt: Unvermeidliche Risikostellen wie Treppen, Herd oder Balkon lassen sich entschärfen (Merkblätter beim TÜV); Technik und gesunder Menschenverstand (etwa: Verzicht auf verführerisch lange Tischdecken) sorgen dafür, dass vermeidbare Gefahren gar nicht erst entstehen.

Vor kurzem haben wir in kleiner »Seniorenrunde« die folgenden Ansätze für eine Unfall-Verhinderungs-Checkliste zusammengestellt. Was fällt Ihnen noch dazu ein?

Wohnbereich:
Keine brennenden Kerzen, Streichhölzer, Feuerzeuge, Tabak, benutzten Aschenbecher, Alkoholreste, wertvollen Erbstücke oder zerbrechlichen Kostbarkeiten auf niedrigen Tischen, Regalen oder in sonstiger Reichweite, solange Kleinkinder in der Nähe sind (eine einzige gegessene Zigarette kann tödlich wirken)! Auf Bodenvasen und Blumentöpfe eine Zeitlang vorsichtshalber verzichten (abgesehen von Schädlingsbekämpfungsmitteln und Dünger sind auch manche Pflanzen giftig, z.B. Alpenveilchen).

Bad und Schlafzimmer:
Alle Scheren, Feilen und anderen spitzen Instrumente, Kosmetika, Medikamente, Putz-, Waschmittel und sonstigen Chemikalien gehören hinter Schloss und Riegel – und der Schlüssel muss für kleine Kinder unerreichbar sein.

Küche:
Kochstelle mit »Zaun« absichern, Pfannenstiele stets nach hinten, besondere Vorsicht mit heißen Flüssigkeiten und spritzendem Fett. Babys nur in der sicheren Wippe, Krabbler nur jenseits des Sicherheitsgitters im Türrahmen. Ältere Kinder sollten am besten unter liebevoller Aufsicht »mitarbeiten« dürfen, so lernen sie am eindrucksvollsten auch die Gefahren kennen – und sie erleben Oma und Opa als Profi!

Werkstatt und Büro:
Hier gilt das »Profi-Argument« in gleicher Weise: Arbeit ist nicht Spiel, aber macht genausoviel Spaß. Ansonsten: Absperren, wenn kein Erwachsener dort arbeitet!

Elektrizität:
Keine schadhaften Elektrokabel; keine lose herumliegenden Telefonkabel; keine Lampenfassung ohne Birne; sämtliche Steckdosen mit Spezialkappen verschließen, die nur für Sachkundige, nach dem gewissen »Dreh«, die Stromquelle zugänglich machen.

Treppen, Fenster und Balkongeländer:
Wegen besonderer Unfallträchtigkeit ganz besonders abzusichern durch stabile Sperrgitter, extra Handlauf aus dickem Seil in Griffhöhe für Kinder, Spezialverriegelung oder zusätzliche Gitterstäbe.

Nie werde ich das verblüffte Gesicht des Verkäufers vergessen, als wir 20 Meter grünen Hühnerdrahtzaun »für die Kinder« verlangten – dabei lassen sich damit im Sommer recht unauffällig und doch wirkungsvoll ganze Fensteröffnungen (nicht nur im Kinderzimmer) absichern.

Garten und Terrasse:
Giftige Pflanzen verbannen (Gärtner fragen); Wasserbecken abdecken; schmiedeeiserne Verzierungen zur Not abmontieren – und kleine Kinder nie unbeaufsichtigt lassen, d.h. immer genau vereinbaren, wer »dran« ist mit Aufpassen!

Sollte aber doch einmal trotz aller Um- und Vorsicht ein Unglück geschehen sein, dann ist nichts beruhigender als eine Person, die mit sicheren Handgriffen das tun kann, was sie in einem Erste-Hilfe-Kurs (Auskunft bei allen Rettungsorganisationen) gelernt hat. Führerscheinbewerber müssen einen solchen Kurs besuchen. Warum melden sich eigentlich nicht noch viel mehr Großeltern aus freien Stücken zum Auffrischen all dessen, was sie ja einst wussten, an?

Nach all diesen Einschränkungen dürfte es für Großeltern und Kinder eine wahre Wohltat sein, gemeinsam die Wunderschublade einzurichten: voller überraschender »erwachsener« Dinge und doch ganz ohne Plastiktüten, ohne Miniteile, die sich verschlucken oder in Nase und Ohren stecken lassen, ohne Spitzes oder Scharfes – zum Auskippen und Auffüllen, Herausziehen, Umdrehen, Neuordnen und Aufräumen.

9 Verfälschte Kinderkrankheiten und wachsende Abwehrkräfte

Vom Impfen und Immunisieren

Immun, also unangreifbar, zu machen gegen verschiedene ansteckende Krankheiten und ihre oft lebensbedrohlichen Folgen, das ist das Ziel von Impfmaßnahmen. Wundstarrkrampf, Diphterie und Kinderlähmung beispielsweise sind dadurch einigermaßen beherrschbar geworden.

Allerdings tritt die gewünschte Immunisierung erst ein, wenn der Körper die Krankheit zumindest in einer abgeschwächten Form durchgemacht hat. Und da liegen die Risiken. Einerseits sind sogenannte Impfversager, andererseits Impfschäden, wie die gefürchtete Hirnhautentzündung, nicht auszuschließen.

Außerdem kann durch die Impfung eine später doch noch ausbrechende Krankheit in ihrem Erscheinungsbild dermaßen »verfälscht« werden, dass Ärzte sie kaum noch diagnostizieren und angemessen behandeln können.

Darüber hinaus wird beobachtet, dass gegen die typischen Kinderkrankheiten Geimpfte gelegentlich als Erwachsene beispielsweise an Masern oder Mumps erkranken – und dann mit ganz erheblichen Komplikationen zu rechnen haben.

Wissen Sie, wie lange Ihr Schutz gegen Wundstarrkrampf noch wirkt? Das ist wichtig. Besonders, wenn Sie als Stadtmensch wieder im Wald und auf dem Acker, beim Dämmebauen am Bach oder beim Aufstöbern von winzigen Krabbeltieren im morschen Holz behilflich sein wollen ...

Impfen ist Vertrauenssache zwischen Eltern und Arzt. Aus einer Diskussion darüber sollten sich Großeltern heraushalten. Doch informiert sollten sie sein. Und vor allem: selbst geimpft sollten sie sein! Daran jedenfalls erinnert Maren immer wieder in ihrem großen Bekanntenkreis. Sie ist als Ärztin sehr engagiert, seit mehreren Jahren Großmutter und schätzt es besonders, dass ihr mit der Mutter ihrer Enkel eine angesehene Kollegin heranwächst, mit der sie zum Beispiel auch über Akkupunktur fachsimpeln kann.

Anthroposophische und homöopathische Ärzte sind der Meinung, dass gerade Kinder zu ihrer gesunden Entwicklung bestimmte Krankheiten zu bestimmten, wenn auch individuell unterschiedlichen Zeiten durchmachen müssen und dass jede Impfung einen massiven Eingriff in den kindlichen Organismus bedeutet – möglicherweise zu einem für das Kind ganz ungünstigen Zeitpunkt. Ihrer Erfahrung zufolge kann außerdem durch Impfungen die Anfälligkeit für Allergien deutlich erhöht und langfristig das Immunsystem geschwächt werden.

Manche Impfungen allerdings bewirken – genau wie die meisten »echten« Kinderkrankheiten – einen lebenslangen Schutz vor Wiederansteckung. Andere müssen in gewissen Abständen aufgefrischt werden.

Die Wirkung jeder **Aktivimpfung** beruht darauf, dass der menschliche Körper selbst Abwehrkräfte (Antikörper) gegen all jene Krankheitserreger entwickelt, die ihm in abgeschwächter oder abgetöteter Form eingeimpft wurden (aktive Immunisierung).

Bei der **passiven Immunisierung** (nur in ganz dringenden Fällen) wird ein Antikörper-Konzentrat aus fremdem Blutserum direkt eingespritzt. Die Wirkung hält nur relativ kurze Zeit vor.

Natürliche Immunisierung bedeutet: Der Mensch hat die eigentliche Krankheit durchgemacht, entsprechende Antikörper entwickelt und ist vor Wiederansteckung geschützt – bestenfalls sein Leben lang. Im Fall der »echten Kinderkrankheiten« gilt darüber hinaus die Faustregel: je früher, desto leichter zu überstehen.

Im weitesten Sinne verwandt mit dem Immunisieren sind Maßnahmen, die den Menschen weniger empfindsam reagieren lassen auf irritierende Reize von außen. Im Fall von Babys handelt es sich meist um Einflüsse, die zu wundem Po oder Windelausschlag führen. Junge Eltern bekommen dazu gute Ratschläge von allen Seiten – unweigerlich. Wie sie damit umgehen, ist ihre eigene Sache. Es läßt sich auch kaum vermeiden, dass die Ratschläge sich in Details nicht ganz decken.

Vielleicht erinnern Sie sich an ihre eigene Praxis? Dann können Sie weiter guten Gewissens die folgenden Tips bei Problemen im Baby-Windel-Alltag praktizieren und empfehlen:

✓ den Speiseplan der stillenden Mutter auf wundmachende Elemente, besonders Zitrusfrüchte, kontrollieren

- ✓ das Baby möglichst oft ganz ohne Windeln an der frischen Luft (aber natürlich weder im Kalten noch in der prallen Sonne) strampeln lassen
- ✓ Reinigung mit Öl, also weder weder Seife noch alkoholhaltige Tüchlein verwenden
- ✓ nach dem Baden die Haut überall (besonders in den Fältchen) sehr sorgfältig trockentupfen
- ✓ Stoffwindeln plus wasserdurchlässiger Windeleinlage statt Wegwerfwindeln verwenden
- ✓ versuchsweise das Waschmittel wechseln
- ✓ Stoffwindeln gründlichst spülen, dem letzten Wasser statt Weichspüler eine Tasse Essig zusetzen
- ✓ statt der Plastik-Wickelfolien die »altmodischen« Windelhosen aus gefilzter Wolle oder naturbelassener Rohwolle nehmen
- ✓ bei einer Pilzinfektion mit candida albicans (erkennbar am roten Ausschlag mit leicht schuppigen Rändern, der vom selben Erreger wie Brustwarzenentzündung und Mundfäule/Soor verursacht wird – deshalb immer wieder die gegenseitige Ansteckungsgefahr!) Joghurt auf die wunden Stellen auftragen: Die »Feindkultur« vernichtet den Pilz.

Um Immunisierung und Schutz vor krankmachenden Einflüssen geht es auch in einem ganz anderen Zusammenhang: Seit der Begriff MultiMedia nicht nur durch die Schlagzeilen von Wirtschaftsgazetten, Technologieforen und Feuilletons geistert, sondern zugleich Schulkinder und Manager fasziniert, ist eine weitere Art von Immunisierung dringend angesagt: die gegen übermäßigen Medienkonsum, vor allem bei Computerspielen und Fernsehserien mit äußerst beunruhigenden Folgen.

Und wieder gilt dasselbe Prinzip: Am sichersten gefeit und sozusagen fit für die Mediengesellschaft sind diejenigen Kinder, die (am besten gemeinsam mit anderen) unter interessant kommentierender Aufsicht die »Krankheit« aktiv durchgemacht haben. Das ist kein Plädoyer für das Abspielen »heißer« Videos und games im Sinne von »Heilfieber«. Es ist aber auch kein Plädoyer für allenfalls kurzfristig wirksames »Einimpfen« von Sehverboten.

Mehr oder weniger unangreifbar gegenüber den irritierenden Reizen und unerwünschten Folgen der inzwischen gar nicht mehr so »neuen« Medien, also von Computerspielen, (Action)Videos und Fernsehschnulzen werden Kinder und Jugendliche, wenn sie einerseits lernen, die Tricks zu durchschauen, das heißt: Wirklichkeit und technisch gut gemachten Schein unterscheiden können, und wenn andererseits die Erwachsenen nicht kontraproduktiv agieren, indem sie gerade das absolut Verpönte zur unwiderstehlichen Verlockung aufwerten. (Weiteres dazu in den Kapiteln 13 und 24.)

10
Die Herstellung des Lebens und ungeborene Lebensretter

Von Forscherambitionen, Patentschützern und Retortenbabys

Der Tag ist wohl bereits Vergangenheit, an dem die Eltern eines der ersten »Retortenbabys« ihr erstes Enkelkind im Arm gehalten haben. Vermutlich gehören Sie nicht zu diesem exklusiven Kreis. Denkbar aber ist durchaus, dass Ihre eben geborenen Enkel die Art ihrer eigenen, ganz konventionellen »Herstellung« als hoffnungslos rückständig, geradezu peinlich und wenig verantwortungsbewusst empfinden werden, wenn sie in durchaus absehbarer Zeit selbst ins zeugungsfähige Alter kommen ...

Retortenbabys werden außerhalb des Mutterleibs hergestellt, d.h., nach bestimmten Merkmalen ausgesuchte Eizellen werden in einer Glasschale mit ebenso wohldefiniertem Sperma befruchtet (in-vitro-Fertilisation) und zu einem günstigen Entwicklungszeitpunkt in die Gebärmutter eingepflanzt (Embryo-Transfer) – eine in der Tierzucht seit Jahrzehnten übliche Prozedur. Diese Menschenkinder gelten inzwischen ganz ungeniert als Rechtfertigung für den in jeder Hinsicht bedenkenswerten Satz eines der ersten Retortenbaby-«Väter«: Die Ethik müsse sich der Wissenschaft eben anpassen.

Im weiten Feld von Reproduktions-Medizin, Gen-Technologie und Fruchtbarkeits-Vermarktung spielen allerdings auch juristische, psychologische und nicht zuletzt finanzielle Fragen eine Rolle. Letztlich geht es um die Art und Weise, wie diese oder jene Erbanlage (genetisches Material) gefunden, bestimmt, vermehrt oder eliminiert, auf jeden Fall wirksam und praktisch nutzbar, das heißt also: zu Geld gemacht werden kann. Dabei ist man über Mikro-Organismen oder frostbeständigere Erdbeeren längst hinaus. Jetzt handelt es sich um höhere Lebewesen, also Tiere und Menschen.

Grundsätzlich mag dagegen noch nichts einzuwenden sein, denn Ziel wissenschaftlicher Forschung und Praxis ist es ja auch, dem »Wohl der Menschheit« zu dienen.

Vielerlei sehr verständliche Ängste und ganz individuelle Wünsche (z.B. vor Erbschäden, nach einem Mittel gegen eine bisher unheilbare Krankheit oder nach einem langersehnten Kind) lassen Laien ihre ganze Hoffnung in die Gen-Technologie setzen. Die wissenschaftlichen Ambitionen der Mediziner wie der Techniker gehen dahin, diese Hoffnungen nicht zu enttäuschen, zugleich natürlich ihre Fachkenntnisse zu erweitern und nicht zuletzt ihr internationales Renommé (also die eigene wirtschaftliche Wettbewerbsfähigkeit) zu stärken.

Die chemische und Pharma-Industrie ist interessiert, weil durch die Konstruktion von quasi idealen Genen im Bereich der Mikro-Organismen neue Antibiotika, neue Impfstoffe, seltene und früher allenfalls mit viel Aufwand herstellbare Wirkstoffe billig, schnell und sogar umweltfreundlich auf biotechnischem Wege produziert werden können.

Für Juristen ist längst der Punkt erreicht, dass die durch genetische Veränderung einer Eigenschaft »neuentstandenen« Kreaturen, also neben Bakterien und Pflanzen auch Tiere wie die berühmte »Krebsmaus« (unter Umständen künftig auch gentechnische Verbesserungen des Menschen) als Patent angemeldet werden können. Das bedeutet, diese Geschöpfe (und vor allem ihre »Schöpfer«) sind urheberrechtlich geschützt. Es gibt also eine mehr oder weniger öffentliche Kontrolle. Allerdings: nicht gegen Missbrauch, sondern vor unliebsamer Konkurrenz, zwecks störungsfreier weltweiter Vermarktung. Doch Schwierigkeiten lauern in großer Zahl. Nur ein paar Stichworte:

Datenflut

Schon ein einzelner größerer Virus besteht aus rund 150 000 »Bausteinen« oder Nukleotiden (DNS, Desoxyribonukleinsäure) als chemischen Trägern der Erbeigenschaften. Bis das menschliche Genom mit seinen insgesamt 46 Chromosomen (angeordnet in 22 Paaren plus zwei weiblichen (XX) bzw. einem männlichen und einem weiblichen (YX) Geschlechtschromosomenpaar), den darauf liegenden 40 000 bis 200 000 Genen und letztlich rund drei Milliarden dieser »Bausteine« oder »Buchstaben« analysiert ist, wird es nach den ersten triumphalen Meldungen im Zusammenhang mit dem »Human Genome Project« Ende des vergangenen Jahrhunderts noch Jahre, vielleicht Jahrzehnte dauern. Anfang 2003 wurde die vollständige Sequenzierung oder Entschlüsselung des vierten menschlichen Chromosoms gefeiert – damit »kennt« man nunmehr die Chromosome Nr. 22, 21, 20 und 14, letzteres allein besteht aus über 87 Millionen Nukleotiden.

Doch was folgt daraus? Wer wird die Daten wie zu wessen Nutzen interpretieren, zusammenstellen und verwenden? Von den bisher bekannten etwa 3 500 menschlichen Gen-Defekten sind bereits hunderte lokalisiert – doch bis zu erfolgreichen Gentherapien ist es noch ein langer Weg ...

Unvereinbarkeit von Grundrechten

Der zu achtenden Würde des Menschen (die auch Embryonen zugestanden wird) steht die Freiheit der Forschung gegenüber (die als bedroht betrachtet wird durch jegliches Verbot und sei es auch aus ethischen Gründen erlassen). Die mit großem Ernst auch im Deutschen Bundestag geführten Diskussionen haben noch zu keiner echten Lösung des Dilemmas geführt.

Forschungsrisiken

Ganz abgesehen von finanziellem Aufwand und nicht garantierten Erfolgen müssen die Wissenschaftler oft im Nachhinein feststellen, dass sie von falschen Annahmen ausgegangen sind. »Erprobungen« finden statt, ohne dass ein Endergebnis abgeschätzt, geschweige denn beeinflußt werden kann (bei Tieren etwa, die mit menschlichen Krankheiten infiziert wurden oder bei Freilandversuchen mit genmanipulierten Pflanzen). Problematisch, weil möglicherweise sogar noch schädlicher als der frühere genetische Defekt, ist die unverhoffte Überproduktion von manipulierten Eigenschaften.

Die Gefahren, die sich aus diesen und anderen Überlegungen, Tendenzen und Absichten ergeben (können), liegen in der Bandbreite zwischen Horrorvision und Alltagswirklichkeit.

Wieder lassen sich nur Stichworte aufzählen, und bei weitem nicht alle:

»Gläserne Menschen«

Lückenlos genetisch vermessen, durchschaubar, (aus)sortierbar, berechenbar, ein- und ersetzbar.

»Zuchtkonzerne«

Zunächst nur für Nutzpflanzen und Nutztiere etabliert, weil bisher Genmanipulationen am menschlichen Erbgut ausdrücklich verboten sind. Doch bereits in diesen Zusammenhängen haben nicht bloß Landwirte große Bedenken: wegen der Konzentration von wirtschaftlicher Macht, denn zugleich mit wachsender Abhängigkeit von kostspieligen Konzern-Patenten wird die genetische Vielfalt der Tier- und Pflanzenwelt weiter zerstört, und daraus entstehen neue Risiken der Monokultur.

Irrtümer und Zufallstreffer

Es stellt sich heraus, dass entgegen laienhafter Erwartung die gentechnischen Konstrukte manchmal mehr sind als die erwartete Summe bekannter Einzelteile: Neu-Schöpfungen mit neuen, unabsehbaren Eigenschaften.

Noch gibt es keine Chimären, also Zwitter aus Mensch und Tier, aber auszudenken sind sie leicht – und warum eigentlich nicht wünschenswert? Als Organspender zum Ausschlachten oder als Arbeitssklaven unter lebensgefährlichen Bedingungen?!

Wert-Verschiebungen und Begriffs-Verzerrungen

Absehbar ist einerseits, dass immer mehr Mittel und Forschungskapazität auf das Herstellen von – je nach Einsatzzweck – genetisch »perfekter« menschlicher Substanz konzentriert werden. Dann könnten alle Bemühungen um menschenwürdige Arbeitsplätze oder Umweltschutz als überflüssig eingestellt werden.

Andererseits werden bald die Begriffe »gesund« und »krank« in ganz neuem Lichte erscheinen: »Gesund« ist in Zukunft das herbizidresistente Getreide, nicht aber der Mensch, der sich und seine Nachkommen am Unkrautvernichtungsmittel vergiftet.

Abfall und Forschungsmaterial

Aus Sicherheitsgründen und um die Frauen nicht allzusehr zu strapazieren, werden immer mehrere Eizellen zugleich befruchtet, dann z.T. tiefgefroren und z.T. in die Gebärmutter eingepflanzt. Oft entwickelt sich dabei nicht nur das eine Wunschkind, sondern es wachsen Drillinge, Fünflinge oder noch mehr Geschwister heran. Rechtlich völlig abgesichert erfolgt dann eine »selektive Abtreibung« der »überzähligen« Embryonen. Die strittigen Fragen sind beispielsweise: Dürfen sie der »verbrauchenden Forschung« zur Verfügung gestellt werden? Dürfen andere, medizinisch eines Tages vielleicht hilfreiche, heute aber noch tödlich endende Versuche mit ihnen angestellt werden? Was könnte und was darf mit nicht mehr benötigten tiefgefrorenen, was darf mit kranken, geschädigten, nicht lebensfähigen Embryonen geschehen?

»Gebrauchsmuster« und »Qualitätssicherung«

Spezialisten empfehlen, in einem möglichst frühen Zellstadium von jedem Keim durch Teilung (Klonen) erbgleiche Zwillinge herzustellen. Zweck der Übung: Einer kann als »Gebrauchsmuster« zur Untersuchung des genetischen Codes dienen, d.h., er würde bei dieser Forschungsarbeit »verbraucht«.

Natürlich ist Qualität das Ziel der Forscher (übrigens beiderlei Geschlechts; es sind keineswegs nur die mit dem xy-Chromosomensatz). Entspricht das Untersuchungsergebnis des Gebrauchsmuster-Klons nicht den wissenschaftlichen Anforderungen (was viele Experten sicher nicht wundert, ist doch nach einschlägiger Beobachtung nur jeder zehnte Mann in der Lage, die Sperma-Qualitätsnormen aus der Rinderproduktion zu erfüllen ...), dann könnte gegebenenfalls »der Bruder oder die Schwester des Klons von einer Rückführung in die Gebärmutter ausgeschlossen« werden. Im Klartext: Die Wunschkind-Karriere endete, ehe sie richtig begonnen hat.

Parallel zur Embryonenforschung entwickelt sich insbesondere in den USA die Reproduktions-Industrie – mit beachtlichem Kapital, abgesicherten Eigentumsrechten und Honorarverträgen zwischen Auftraggebern und »freien Unternehmerinnen« oder »ausgebeuteten Heimarbeiterinnen« (je nach Weltanschauung).

Dabei treten, unter dem Banner der »Fortpflanzungsautonomie«, die Frauen als Eilieferantin, Brüterin, Austrägerin, Leih- oder Ersatzmutter, als coole Geschäftspartnerin oder emotionale Vertragsbrüchige und in vielen anderen Rollen auf.

Was das alles mit Ihnen als Großeltern zu tun hat, wo Sie doch gar nicht jener fast siebzigjährigen Italienerin nacheifern wollen, die bereits vor Jahren ihrer Tochter zuliebe das eigene Enkelkind ausgetragen hat?

Sie sollten wenigstens in allergröbsten Zügen Bescheid wissen, denn unweigerlich kommt der Tag, an dem Ihre Enkel in der einen oder anderen Form die Sinn-Frage stellen: nach dem Sinn des Lebens, dem Sinn schwerer Schicksale, dem Sinn von Geboren-werden und Sterben-müssen, dem Sinn aller Mühen, wenn der Mensch doch nicht vollkommen ist ...

Wie schwer es ist, in diesem Dickicht aus menschlichem Mitgefühl, Empörung über die Allmachtsgelüste von Wissenschaftlern, Staunen über ärztliche Kunstfertigkeit und Bewunderung für »das Leben an sich« Stellung zu beziehen, das mag an einer winzigen Zeitungsnotiz klar werden:

> *Schon seit Jahren ist es legal, die Nieren von anencephalen Embryonen (also Ungeborenen, die wegen nicht vorhandenen Gehirns keinerlei Chance haben, gesund zur Welt zu kommen) nierenkranken Kindern und sogar Erwachsenen einzupflanzen. Die winzige Niere des nicht lebensfähigen Embryos nämlich kann im Empfängerkörper weiterwachsen, sich voll entwickeln und so ein Leben retten.*

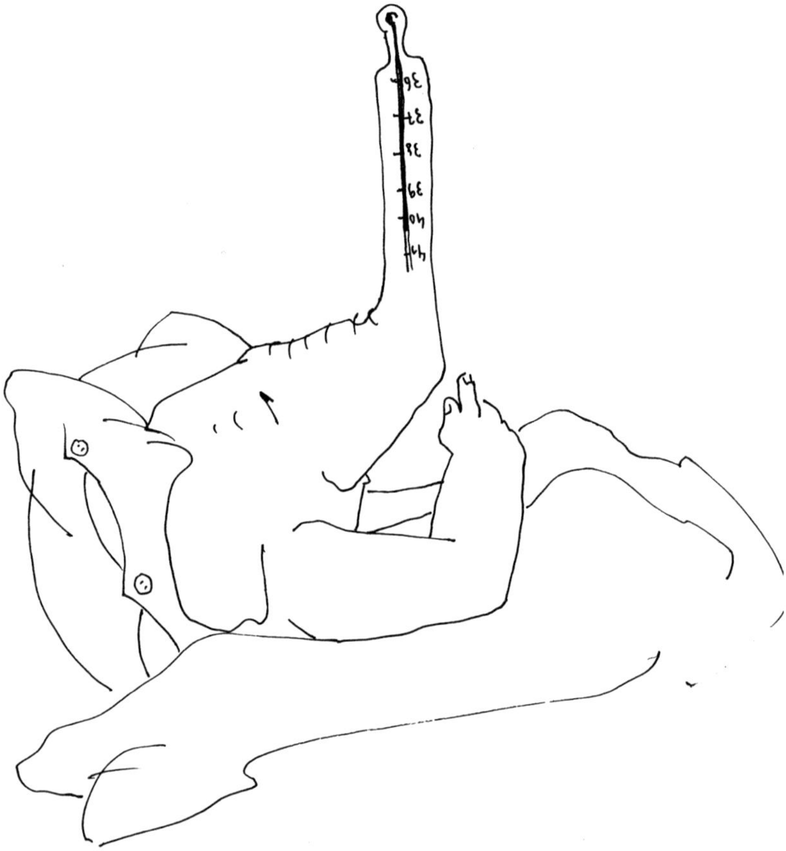
36
37
38
39
40
41

11
Alarmzeichen und trügerische Lösungen

Von Krankheiten mit und ohne Fieber

Kinder reagieren oft viel heftiger als Erwachsene auf Veränderung und Bedrohung, auf Erfreuliches oder Aufregendes: mit starken Gefühlen, Erbrechen oder auch hohem Fieber innerhalb kurzer Zeit. Plötzliches Kopfweh, Ausschläge, Schlafstörungen und Angstträume können wortlose, aber dringende Hilferufe sein, Anzeichen dafür, dass sie mit sich und der Welt nicht zurechtkommen.

Wenn Schulkinder anfangen zu stottern oder häufig über Bauchweh klagen, wenn auch bei ihren Freundinnen und Freunden Symptome wie Nägelkauen oder Bettnässen nicht unbekannt sind, werden Großeltern hellhörig: Das klingt nach Schulproblemen!

Mit Schaudern erinnern vielleicht auch Sie sich an den Rattenschwanz von Anfragen, Beschwerden und (zu oft leider nicht sehr erfolgreichen) offiziellen Unterredungen mit Lehrkräften, Schulleitern, Schulaufsichtsbeamten, Schulpsychologinnen und Kinderärzten, die dann unweigerlich folgten. Doch auch eine Generation später gibt es noch immer keinen anderen Lösungsweg, den Sie Eltern empfehlen könnten, als den, gemeinsam initiativ zu werden.

Wenn Babys sich erbrechen, kommt es oft entscheidend darauf an, schnell den Grund herauszufinden: Vergiftung? Gehirnerschütterung? Keuchhusten? Zuviel Aufregung? Zuviel gegessen?

Den allermeisten Großeltern gelingt es erstaunlich rasch, ihr früheres Urteilsvermögen in diesem Zusammenhang wieder zu aktivieren, und sie erinnern sich gut: In eine besondere Kategorie gehört jenes Erbrechen, das kleine Kinder quasi als Druckmittel einsetzen können. Immer, wenn es besonders schnell gehen soll, wenn allgemein Nervosität und Reizbarkeit herrschen, dann reagiert und wehrt sich ein Baby auf diese Art ...

Fieber an sich ist ja keine Krankheit. Es ist Alarmzeichen und zugleich erster Schritt zur Heilung. Daher sind alle Anstrengungen nicht darauf zu richten, das Fieber verschwinden zu lassen, sondern seine Ursachen zu erkennen. Fieber aktiviert in der Regel die Selbstheilungskräfte; die ärztliche Kunst besteht darin, diesen Prozeß mit den im Einzelfall richtigen Mitteln zu unterstützen – gelegentlich gehört es dazu auch, das Fieber schonend zu senken, beispielsweise durch Wadenwickel (beschrieben im Kapitel über die Hausapotheke, Wasseranwendungen, Wickel etc.).

Typischerweise sind bei den Erkältungskrankheiten die Schleimhäute geschädigt, nicht nur in Mund, Nase und Bronchien, sondern auch in Magen und Darm. Das bedeutet: Sie sind nicht mehr aktiv genug bei der Abwehr von Schadstoffen und Krankheitserregern.

Wichtig ist es deshalb, für ausreichend Luftfeuchtigkeit in den Räumen zu sorgen, häufig zu lüften, den Patienten, egal welchen Alters, reichlich – zusätzlich! – zu trinken zu geben (z.B. Fencheltee, warmen Holundersaft, mit Honig und Zimt oder Nelken abgeschmeckt) und durch Kopfdampfbäder oder Nasenspülungen mit Meersalzwasser, Gurgeln (z.B. Zusatz von Isländisch Moos), Pastillen (z.B. Salbei oder Thymian) und viel Vitamin C (z.B. Sanddorn) für Linderung zu sorgen.

Wenn Babys heftig unter Koliken, Blähungen, Verdauungsproblemen oder häufigem Bauchweh leiden, handelt es sich meist um ein ganzes Netzwerk (Syndrom) von Schwierigkeiten aus einer Vielzahl von möglichen Gründen: Allergien, überempfindliches Magen-Darm-System, Gasentwicklung, zu schwache Darmbewegung, die die Nahrung weitertransportiert, usw. Oft dauert das viele Monate und erfordert vor allem unendlich viel Geduld, liebevolle Zuwendung, genaue Beobachtung, ermutigende und informative Gespräche mit Medizinern und anderen Experten.

Gerade dann, wenn so ein kleiner Patient eben nicht der Sonnenschein des Hauses ist, sondern die Nerven der gesamten Familie strapaziert, erweist es sich, wie unersetzlich und entlastend Großeltern sind, die den jungen Eltern mal eine Atempause verschaffen.

Natürlich hilft »Omis spezielle Bauchmassage« noch längst nicht in jedem Fall, doch häufig verschafft eine gewisse Form von Druck auf den Babybauch zumindest zeitweise Erleichterung. Mindestens ebenso wichtig wie Massage sind körperliche Nähe, tröstender Zuspruch, schaukelnde, rhythmische Bewegungen – denn nichts ist schlimmer, als Schmerzen zu haben und mutterseelenallein zu sein.

Früher hatten Kinder »Nesselfieber« oder Heuschnupfen – heute leiden immer mehr an genau definierbaren Allergien: gegen »Hausstaub«, Karotten, Eiweiß oder die geliebte Katze. Manche Großeltern verstehen die Welt nicht mehr, andere sehen sicher nicht zu Unrecht in der Umweltverschmutzung (und in der emotionalen Atmosphäre, in der Kinder aufwachsen) einen entscheidenden Risiko-Faktor. Wenn dazu auch noch die Eltern der Enkel starke Raucher sind, ist die »Allergie-Karriere« schon fast sicher.

»Ich habe alle meine Kinder sechs Monate lang gestillt – allergisch war kein einziges«, sagt Oma Frieda. Und damit bestätigt sie ganz pragmatisch, was Kinderärzte und Allergieforscher herausgefunden haben: So gut wie kein Kind kommt mit allergischen Symptomen zur Welt. Und:

Der schützende Effekt des Stillens ist durch viele Studien eindrucksvoll belegt.

Brigitta, noch immer voll berufstätige Großmutter, leidet manchmal sehr darunter, dass sie ihrer Tochter nicht so nah sein kann, wie sie gern möchte und dass ihre schwer behinderte Enkelin fast tausend Kilometer weit entfernt aufwächst. »Nur weil es den Eltern gelingt, mit ihrer Tochter so selbstverständlich wie andere mit ihrem gesunden Kind auf den Spielplatz, in Urlaub, zum Einkaufen zu gehen, entdeckt das Mädchen wie jedes andere Kind die eigenen Grenzen und Stärken. Zusammenleben lernt man nur gemeinsam. Das gilt aber auch für die »anderen«, die meist erst dann erkennen, wie sehr sie selbst seelisch behindert, nämlich gehemmt im Umgang mit behinderten Kindern oder Erwachsenen, sind. So haben sie die Chance, das richtige Verhalten zwischen gedankenloser Gleichgültigkeit, hilfloser Abwehr und herablassender, verletzender Rücksichtnahme zu lernen. Verstecken wäre eine verhängnisvolle, eine durch und durch trügerische Lösung!«

Kinder, die mit einer Behinderung zur Welt gekommen sind oder chronisch krank werden, sind eine besondere Herausforderung für die Familie – und eine oft völlig unerwartete Chance. Alles kommt zunächst darauf an, wie die Tatsache aufgenommen wird: mit Angst, Zorn, Scham, Hoffnungslosigkeit, Selbstvorwürfen, Flucht? Oder mit der Entschlossenheit, alle verfügbaren Hilfsangebote und Fördermöglichkeiten zu nutzen, die Behinderung als Realität anzunehmen, ohne sich von ihr überwältigen zu lassen?

Jedes Kind wünscht sich Liebe, Phantasie, Kraft und Aufmerksamkeit. Kinder mit einer geistigen oder körperlichen Behinderung oder einer unheilbaren Krankheit brauchen sie sicher noch dringender.

Wenn Mütter und Väter dieser Dauerbelastung gewachsen sind, nicht zusammenbrechen, nicht aus der Verantwortung fliehen, dann ist oft genug der Rückhalt bei den eigenen Eltern eine wichtige Ursache dieser Stärke. Sie bewahren so zum einen ihr Kind vor den immer noch weiter krankmachenden Folgen einer »Heimkarriere«; zum andern aber erlebt nur so die ganze Familie eines solchen »Sorgenkindes«, wieviel innere Ruhe, Fröhlichkeit und Kraft von diesem hilfebedürftigen Menschen ausgehen können.

Großeltern und AIDS, eine ungewohnte Gedankenverbindung. Aber eine notwendige, wenn man die steigenden Zahlen von infizierten Kindern berücksichtigt. Am meisten machen diesen Kindern, die angesteckt, jedoch noch nicht erkrankt sind, die panischen Vorurteile und mangelnden Kenntnisse ihrer Mitmenschen zu schaffen. Denn die verhindern, sobald die Ansteckung bekannt wird, ein möglichst normales Leben.

Wenn Kinder, die sich völlig gesund fühlen, vom Kindergarten- oder Schulbesuch ausgeschlossen werden, wenn die Nachbarskinder nicht mehr mit ihnen spielen dürfen, wenn Verwandte und Freunde nicht mehr zu Besuch kommen und alle Beziehungen abbrechen – dann fühlen sich diese Familien mit ihrem bedrohten Kind wie lebendig gestorben!

Für Großeltern ist es gut zu wissen (und Sie sollten dieses Wissen ganz offensiv verbreiten), dass bei einem Minimum an Vorsichtsmaßnahmen (das Blut der HIV-positiven Kinder darf nicht, beispielsweise durch winzige Schürfwunden, in den Blutkreislauf anderer Menschen gelangen) keinerlei besonderes Gesundheitsrisiko beim Zusammenleben besteht – nicht beim Essen vom selben Löffel, nicht beim Schlafen in einem Bett, nicht beim Benutzen desselben Topfes, nicht beim Spielen oder Schmusen!

Gefährdet in dieser Phase ist vor allem das betroffene Kind. Denn Kränkungen machen erst recht krank: Wenn es nicht gelingt, den Bann zu brechen, drohen ihm durch den Abbruch all seiner sozialen Beziehungen schwere seelische Störungen.

Wenn ein kleines Kind ins Krankenhaus muss, gibt es allerlei vorzubereiten und zu bedenken. Größte Sorge der Erwachsenen sollte es sein, dass ihre Sorgen sich nicht auf das Kind übertragen und es über die bestehende Krankheit hinaus noch unruhiger machen.

Immer mehr Kinderkliniken gehen dazu über, Angehörige (warum nicht die Großmutter?) der kleinen Patienten auf Antrag und gegen Bezahlung mit aufzunehmen. Es hat sich nämlich erwiesen, dass ihre Anwesenheit und Laien-Mitarbeit auf der Station erheblich zum Gesundungsprozeß beitragen können. Voraussetzung ist allerdings, dass sie keine Hektik verbreiten, vielmehr gelassen bleiben und sich im Idealfall auch noch um andere kranke Kinder kümmern können.

Zum Schluß dieses Kapitels noch eine tröstliche Gewißheit: Es gibt Krankheiten, die gesünder machen! Kinder haben auch heute noch die Chance, mit ärztlicher Unterstützung in aller Ruhe »ihre« Kinderkrankheiten durchzumachen. Eltern und Großeltern erleben zu ihrer

Freude, dass diese Kinder anschließend »wie verwandelt« sind – ausgeglichener, selbstbewusster, einen entscheidenden Schritt weiter.

Zu den »notwendigen« Krankheiten zählen vor allem Masern, Scharlach und Keuchhusten, aber auch die Röteln und Mumps. Kundigen Kinderärzten gelingt es einerseits, Ausschlag, Fieber und Husten als sinnvolle Einheit und ganzheitlichen Prozeß »therapeutisch zu begleiten«, statt sie zu unterdrücken (womit oft zusätzliche Komplikationen verursacht würden).

Andererseits können sie den besorgten (Groß)Eltern verständlich machen, wie wichtig es für jedes Kind ist, schrittweise sein körperlich-geistig-seelisches Gleichgewicht zu finden. Jede der klassischen Kinderkrankheiten ist ein solcher hilfreicher Schritt – wer sie einem Kind »ersparen« will, beraubt es gewissermaßen der Möglichkeit, zum individuell richtigen Zeitpunkt zu sich selbst zu finden.

12 »Mundwelt« und Drogen, Rückendeckung und wichtige Grenzen

Vom Laufenlernen, Zähnekriegen und mehr

»Laufen lernt es von allein ...«, behaupteten schon unsere Großmütter und betrachteten voller Misstrauen Lauflernschuhe, Gehschulen oder ähnliche in Spezialgeschäften angepriesene Gerätschaften. Und in der Tat: Millionen von Kindern in aller Welt kommen ohne sie aus, machen sich ganz nach dem eigenen Rhythmus auf den Weg vom Rollen, Rutschen, Robben und Krabbeln über Sitzen, Aufrichten und Stehen zum freien Gehen.

Babys, die viel auf dem Bauch liegen, fühlen sich früher animiert zur Fortbewegung auf allen Vieren, erkennen aber eher spät die Vorteile des aufrechten Ganges; aus der Rücken- oder Seitenlage wollen Babys in der Regel eher in die Senkrechte. Es ist durchaus in Ordnung, wenn ein Kind mit 15 Monaten frei stehen und kurz darauf auch laufen kann.

Viel wesentlicher als putzige Schühchen sind dazu gesunde Füße, also kräftige Gelenke, ein belastbares Fußgewölbe, geschmeidige Zehen – und die entwickeln sich am besten beim Barfußlaufen auf nicht zu kaltem, leicht elastischem Untergrund, ersatzweise in luftdurchlässigen, leichten, aber doch stabilen Schuhen, die (genau wie die Strümpfe!) die kleinen, schnell verformbaren und rasch wachsenden Füße nicht einengen dürfen.

Verblüfft stellen viele Großeltern fest, dass sie nun leichter als zu ihrer eigenen Elternzeit in der Lage sind zu erkennen, wann Kinder deutlich mehr wollen, als nur mit den Augen die Welt zu erforschen. Dann sollen sie erleben dürfen, dass eine Schrankecke hart, der Teppich weich und der Ofen heiß ist – unter fürsorglicher Aufsicht, versteht sich! Schon vor einem knappen halben Jahrhundert haben Verhaltensforscher entdeckt, dass Kinder, die sich gefahrlos möglichst uneingeschränkt bewegen konnten, die nicht auf ein Quadrat »hinter Gittern« verwiesen wurden, später besonders aufgeweckt waren.

Das ist durchaus kein Widerspruch zur Beobachtung, dass Babys in früheren Phasen geradezu Angst vor der Grenzenlosigkeit haben können und sich erst wieder beruhigen, wenn sie fest gewickelt sind und »Rückendeckung« spüren – schützende und stützende Hände und einen gewissen Widerstand, wie sie ihn aus der Zeit im Mutterleib kennen.

Denselben Forschern zufolge ist eine ausgedehnte Krabbelzeit geradezu ein Garant für künftige starke Nerven. Und auch Großeltern, die ihre Enkel nicht ständig zu einer »menschlichen Fortbewegungsweise« anregen, werden immer wieder davon überrascht, wie wieselflink, sicher und zielstrebig sie all jene Orte erreichen, die doch als unerreichbar galten!

Kinder brauchen Grenzen und feste Regeln – nicht zuletzt, um sich eines Tages im Bewusstsein der Folgen darüber hinwegsetzen zu können.

Dass ein Neugeborenes oder Kleinstkind alles mit dem Mund untersucht, also in einer »Mundwelt« lebt, ist jedem klar, der es auch nur kurze Zeit beobachtet.

Alle erdenklichen guten Gefühle, Wohlbehagen und Sicherheit sammeln sich hier. Auf den Mund ist Verlass, wenn beurteilt werden muss, ob etwas gut ist und vertraut oder fremd und beunruhigend. Mit dem Mund lernt sich's am eindrucksvollsten. Im Babyalter sind Haut, Mund und Nase den beiden anderen Sinnesorganen, Augen und Ohren, als Informanten über die Welt noch weit überlegen.

Opas Stammtisch-Psychologie besagt, dass möglicherweise Kinder, die nicht ausgiebig genug in der »Mundwelt« leben durften, später als junge und ausgewachsene Erwachsene besonders starke Raucher oder gar drogensüchtig werden. Opa muss es wissen: Über seinem Stammtisch schwebt regelmäßig eine dichte Wolke aus Zigarren-, Zigaretten- und Pfeifenqualm ...

Was die Drogen- und andere Süchte (Medikamente, Schnüffelstoffe, Alkohol ...) betrifft, so gibt es keineswegs nur eine einzige Ursache – doch an Erkenntnissen über mögliche vorbeugende Maßnahmen ist kein Mangel. Da bieten sich auch für Großeltern eine ganze Reihe von Ansatzpunkten. Ihr Vorteil: die größere Distanz, mehr Gelassenheit und das Wissen, dass Jugendliche höchst selten durch »mal probieren« süchtig werden.

In der Regel hat die Sucht eine jahrelange Vorgeschichte, einschließlich Über- oder Unterforderung, zuviel und zuwenig Fürsorge. Dass eines Tages ein Dealer mit seinem passenden Angebot vor dem Schulhof aufkreuzt, gehört zu einer viel späteren Phase.

Damit Rauschmittel nicht allzu verlockend erscheinen, können Sie als Großeltern in Gesprächen und bei gemeinsamen Aktionen schon lange vorher etwas tun, wenn Sie Ihren Enkelkindern einigermaßen nah sind: das kindliche Selbstvertrauen stärken, Zweifel ausräumen, in größeren und kleineren Krisen beim Suchen nach einem Lösungsweg helfen, die Konfliktfähigkeit trainieren, zum begründeten Nein-Sagen animieren, bei Problemen zwischen Eltern und Kindern vermitteln.

Vor allem wirken Sie überzeugend, wenn Sie glaubhaft vorleben, dass man auch ohne Rauschmittel entspannen, glücklich sein, gemeinsam mit anderen neue Erfahrungen machen kann. Und wenn es Ihnen gelingt, all die zögernden, gelegentlich irritierenden Schritte junger Menschen in eine bewusste, selbstverantwortliche Eigenständigkeit nicht mit Ängsten, Drohungen oder Verboten, sondern bestätigend zu begleiten.

Wer könnte es je vergessen: Im Mund spielen sich auch jene Vorgänge ab, die etwa zwei Jahre lang immer wieder einmal zu schlaflosen Nächten führen: das Zahnen. Eine alte Faustregel gesteht kleinen Kindern in etwa soviele Zähne zu, wie sie Monate über ein halbes Jahr alt sind. In diesen Phasen ist »Zahnfieber« ein ebenso irreführender Begriff wie »Zahnkrämpfe« – in solchen Fällen ist ärztlicher Rat nötig!

Im übrigen wissen sich zahnende Babys auch selbst zu helfen: Alles was möglichst widerstandsfähig und kühl ist, wird in den Mund gesteckt, von den eigenen Fäustchen über Brotkrusten, Beißlinge (Geheimtip: Veilchenwurzel) bis zum großväterlichen kleinen Finger, möglichst frischgewaschen natürlich.

Kein gesundes Gebiss ohne Zahnpflege. Das gilt nicht nur für die »bleibenden« und die dritten Zähne, sondern sogar in besonderem Maße für das Milchgebiss, weil sich ja unter den (lange vor der Geburt im Kiefer angelegten) 20 Zähnen bereits die nächsten 32 entwickeln.

Schon die Hälfte aller dreijährigen Kinder in Deutschland hat, Erhebungen zufolge, reparaturbedürftige Zähne. In anderen

»zivilisierten« Ländern dürfte es kaum besser aussehen – Folge von zuwenig Kauen, zuviel Zucker und insgesamt unausgewogener Ernährung.

Durch die Erkenntnisse über »Zahnschädlinge« wurden sogar viele Gesundheitsbewusste geschockt, die Kleinkindern nie und nimmer gesüßte Tees aus der Nuckelflasche gegeben hätten – wohl aber gesunde Säfte nach Herzenslust. Und das ist der Fehler: Säure und Fruchtzucker ruinieren durch ständiges Umspülen die sich bildenden Zähne ganz genauso – und die später folgenden gleich mit!

Ausgleichen kann gründliches Zähneputzen solche Fehler nicht, aber unerlässlich ist es doch. Und je früher Kinder mit Vergnügen lernen, die eigene Zahnbürste nach den Mahlzeiten und vor dem Schlafengehen (natürlich ohne anschließendes süßes Betthupferl!) richtig zu benutzen, desto selbstverständlicher wird die Prozedur: In leicht kreisenden Bewegungen immer »von rot nach weiß«, auch auf den Innenseiten der Zähne putzen!

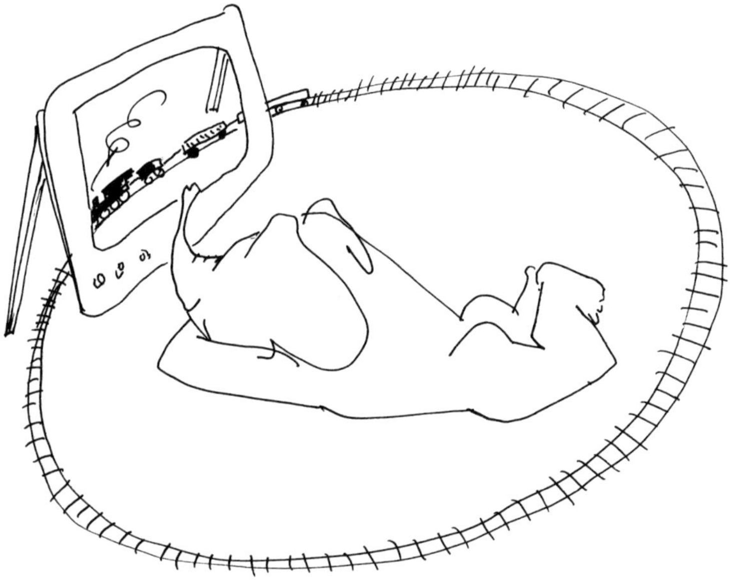

13
Verlockende Technik und eigener Ausdruck

Von der MultiMedia-Faszination und virtuellen Welten

Konzentrationsschwäche – geringe Ausdauer – Aggressivität – fehlendes Engagement – und das alles schon bei Schulkindern? »Schuld daran sind nur die Medien!« sagt Oma Streck. In der ganzen Nachbarschaft heißt sie so, obwohl sie gar keine eigenen Enkel hat. Aber eine Satellitenschüssel auf dem Dach hat sie, und daher kennt sie sich aus mit den Fernsehprogrammen zu jeder Tageszeit.

»Was einem da alles vorgesetzt wird! Kein Wunder ...«. Im Eifer ihrer Pauschalschelte übersieht Oma Streck freilich ganz und gar, dass »die Medien« mehr sind als »das Fernsehen«. Auch Bücher oder eine Opernaufführung, Gemälde, Fotos, die Tageszeitung, eine Sendung im Radio, Kinderkino, Computerprogramme und sogar Spiele wie das gute, alte »Mensch-ärgere-Dich-nicht« sind Medien. Sie alle vermitteln Inhalte und Botschaften. Wir schauen oder hören zu, wir »konsumieren« und verarbeiten die Botschaften – irgendwie. Dann handeln und entscheiden wir – bewusst und auch unbewusst.

Was das Thema »Kinder und Medien« so in jeder Hinsicht spannend macht, ist die Tatsache, dass zumindest die digitale Medientechnik der Unterhaltungselektronik von Kindern und Jugendlichen in der Regel weit besser durchschaut und genutzt wird als von ihren Großeltern. Mobiltelefone und DVD-Player oder -Aufnahmegeräte handhaben sie so selbstverständlich wie unsereins den Wecker am Küchenherd; in raffiniert komponierten Computerspielen und jeder beliebigen Internet-Suchmaschine bewegen sie sich geradezu intuitiv und ohne Scheu.

Genau deshalb können wir kaum nachvollziehen, was sie an hektischen Musik-Videos oder Fernseh-Cartoons, an aggressiv-rasanten Computerspielen oder chaotischen chats, dieser Art von Stammtisch-Gestammel im globusumspannenden Internet, so fasziniert.

Schon unsere Eltern beklagten sich gegenüber ihren (Groß-) Eltern: »Ihr versteht das einfach nicht!« Damals ging es beispielsweise um die jugendliche Begeisterung für so neumodisches Zeug wie Motorräder ... Gerade die eher ablehnende Haltung der älteren Generation und die Chance der Jungen, einen eigenen Code, eine besondere Art von internationaler Geheimsprache zu beherrschen, machen den Reiz mit aus.

Dennoch sind die kritischen Stellungnahmen von Pädagoginnen und Psychologen, Vorschulerziehern und Sozialarbeiterinnen berechtigt. Wenn Ihre Enkeltöchter und -söhne sich – meist nach dem familiären Vorbild – nur berieseln lassen, wenn sie sich wie die Kartoffelsäcke vor dem Fernseher fallenlassen und alles für bare Münze nehmen, was ihnen da beim Springen von Kanal zu Kanal per Knöpfchendruck präsentiert wird, sollten auch Sie sich Sorgen machen.

Sie können aber weit mehr tun! Beispielsweise durch Nachspielen und anregende Gespräche zum Gesehenen, wenn Sie durch

»Abenteuer« an der frischen Luft, in Büchern oder beim gemeinsamen Experimentieren (in der Küche wie in der Werkstatt – und am Computer!) ein lebendiges Gegengewicht schaffen. Sonst wächst natürlich die Gefahr der »Fernsehsucht« und es könnte eintreten, wovor gewarnt wird (übrigens auch mit Blick auf Erwachsene):

1. Flucht in die bunte Show- und Glitzerwelt, statt Interesse für die unmittelbare Nachbarschaft.
2. Isolation und hilflose Ängste, weil Inszenierungen und Bild-Montagen mit der Wirklichkeit gleichgesetzt werden.
3. Verzerrte Wahrnehmung auch deshalb, weil zwei Sinne (Hören und Sehen) überreizt und die drei anderen (Riechen, Schmecken, Fühlen) total unterfordert sind.
4. Aggressionen und Brutalität, weil sie tausendfach als »normale« Konfliktlösungen vorkommen – gerade auch, um dem »Guten« zum Sieg zu verhelfen.

Das entscheidend Neue und pädagogisch Interessante an Medien wie dem Computer ist ja unter anderem, dass sie »interaktiv« sind – das bedeutet, die Empfänger der Medien-Botschaften können durch ihre eigenen Reaktionen den weiteren Ablauf des Geschehens mitbestimmen (innerhalb gewisser Grenzen, versteht sich). Darüber hinaus finden eben auch schon Schulkinder am elektronischen Spiel- und Handwerkszeug manches, was es sonst so nicht gibt, nämlich ...

- ✓ wiederholbare und doch immer wieder neue Situationen
- ✓ große Schnelligkeit, Nervenkitzel und einen besonderen Witz
- ✓ Konsequenzen sofort, aber keine »echten« Schäden durch heftige Reaktionen
- ✓ eine tatsächlich grenzenlose Vielfalt, unvorhersehbare Kettenreaktionen

✓ weltweite Vernetzung und Kontakte, wie früher nur Amateurfunker sie sich überhaupt vorstellen konnten

Ich kenne nicht gerade viele Großeltern, die heute schon in größerem Umfang die Chancen nutzen, die sich da eröffnen. Die akzeptieren können, dass in diesem Feld einmal die Älteren, Lebenserfahrenen eindeutig diejenigen sind, die von den ganz Jungen lernen. Und die genug Phantasie haben, um sich vorzustellen, wieviel Spaß und wechselseitige Achtung da wachsen werden.

Falls Sie selbst diesem Gedanken nähertreten möchten und Spaß allein Ihnen nicht Argument genug ist, können Sie auch die folgende Überlegung miteinbeziehen: Kulturgüter, traditionelles und Experten-Wissen, wie es in Lexika, Anthologien und Fachliteratur gesammelt wurde, sind durch die digitale Technik ja nicht wertlos geworden! Dieses »kulturelle Erbe« wird nur auf neue Art erschlossen und kann auf ganz erstaunliche Weise von Ihnen und Ihren Enkeln genutzt und ergänzt werden.

Wenn Sie inhaltliche Anregungen geben und Ihre Enkel fähig sind, die neuen multimedialen Wege zu öffnen, werden Sie gemeinsam durch Bilder, Musik, Wort, Geräusche und Schrift in ungewohnter Kombination eine überraschende, erweiterte Sicht der Dinge – neuer und alter Werte – vermittelt bekommen und Ihrerseits vermitteln können.

Kinder und Jugendliche, die rechtzeitig lernen, eine Technik zu verstehen, anzuwenden und zu beherrschen, sind weniger in Gefahr, durch sie zu Schaden zu kommen. Das gilt fürs Feuermachen, für den Einsatz von Messer und Gabel oder Hammer genauso wie für die digitalen Medien.

Wer unter (zurückhaltender, nicht bevormundender) Anleitung einen Blick hinter die jeweiligen Kulissen werfen kann, wer nach der Faszination durch atemberaubende Effekte anfängt, die dazugehörigen Tricks zu durchschauen, wer durch »Selbermachen« allmählich eigene Maßstäbe für gut oder schlecht gemacht, für richtige oder falsche Botschaften entwickelt, ist kaum noch durch vordergründige Spektakel zu verführen.

Das ist sozusagen der beschützende Gesichtspunkt – und er führt uns direkt zurück zu Oma Streck. Möglicherweise könnte gerade sie eine Menge lernen, wenn sie öfter mal mit »medienkompetenten« Kindern vor dem Fernseher säße.

Dazu kommt aber noch der kreative Gesichtspunkt, und der ist gewiß nicht weniger wichtig. Der Wunsch, einen eigenen Ausdruck zu finden, die Faszination beim Versuch, einen ganz persönlichen Eindruck zu hinterlassen, beschränkt sich ja nicht auf Hand- und Fußspuren im Sand oder den »Adler im Schnee« bei den Zwei- bis Dreijährigen. Ebensowenig ist er ausschließlich für professionelle Künstler reserviert.

Wenn Sie mit Ihren Enkelkindern kleine Reime umdichten, Wortspiele machen, malen, töpfern oder auf dem Kamm blasen, sind Sie genau auf dem richtigen Weg. Dieser Weg führt möglicherweise weiter übers gemeinsame Fotografieren und Drehen von kleinen Videos zu bestimmten Themen oder zum generationenübergreifenden Musizieren bei Familienfesten.

Wieso wird Ihre Videoausrüstung eigentlich vorwiegend im Urlaub oder zum Dokumentieren »runder Geburtstage« benutzt? Stellen Sie sich vor, Sie machen mit Ihren größeren, medienbegeisterten Enkelkindern gemeinsam einen Film – von der Idee übers Drehbuch, die Kostüme und die Kameraführung bis zum Organisieren der ersten Vorstellung ...

Natürlich wird so ein Film es nie mit der professionellen Konkurrenz aufnehmen können. Er kann auch nur ein Anstoß sein. Später gibt es attraktive und fachkundig betreute Angebote in Freizeitheimen und Jugend-Medienwerkstätten. Doch auch Sie werden gerade in der gemeinsamen Anfangsphase viel lernen – nicht zuletzt über Ihre Enkel und ihre Erfahrungen, ihre Sicht dieser Welt.

Statt sich von mehr oder weniger beängstigenden Fernsehbildern zuflimmern zu lassen oder bei action auf dem Computerbildschirm durch wildes Geballere vermeintlich dem Guten zum Sieg zu verhelfen, können Kinder und Jugendliche bei gemeinschaftlichen Medienprojekten, beim nötigen Diskutieren und Argumentieren – noch mehr als beim Filmen, Programmieren von Computerspielen oder Hörspielmachen selbst – eigene Vorstellungen beisteuern und an anderen messen: ihre Gedanken zu Gewalt und Fremdsein, ihre Ansprüche ans Erwachsensein, ihre Ideen über die Liebe und die Zukunft. Die neuen Medien machen es leichter, Alternativen auszuprobieren.

Das bedeutet nicht, dass Jugendliche sich in den virtuellen Welten verlaufen. Doch Vorstellungen davon, wie unsere ziemlich kaputte Wirklichkeit zu verändern wäre, sollen sie entwickeln dürfen.

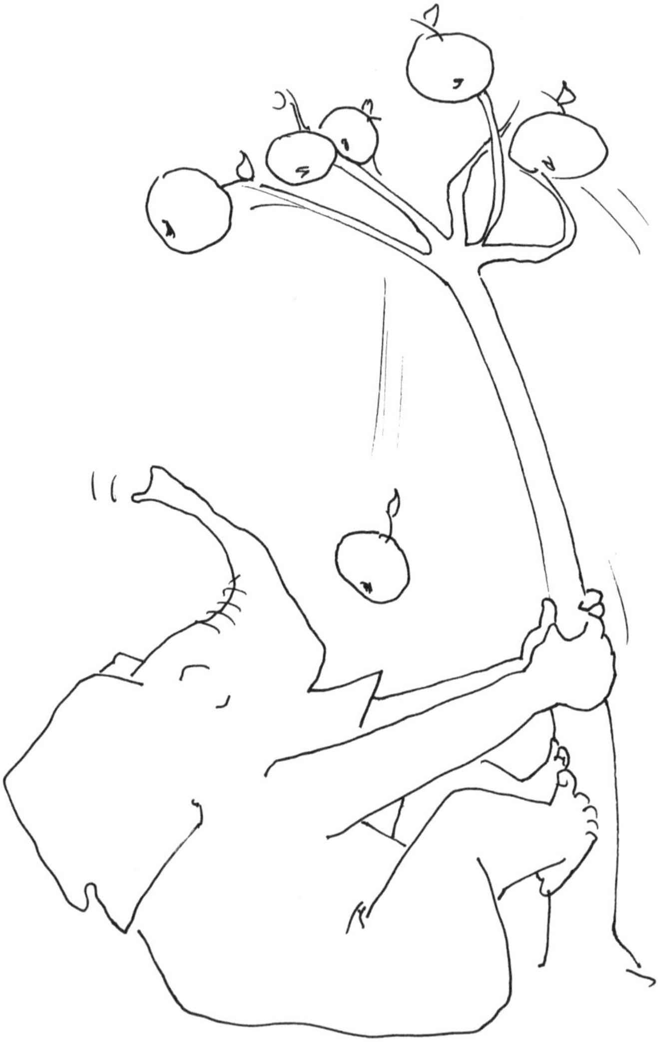

14
Kräuter, Zucker und das Zappelphilipp-Syndrom

Von Naturkost und (Über-)Lebensmitteln

»Kauen ist besser als Lutschen« hieß es früher bei uns zu Hause. Diese Devise gilt immer noch. Und eine zweite gilt heute mehr denn je: Exotische Abwechslung ist weniger wichtig als geringe Schadstoffbelastung. Sobald der erste Zahn sich ankündigt, knabbern alle Kinder gern an Allerweltsdingen aus Omas Küche wie Brotrinden, Karotten- oder Apfelstückchen. Hauptsache: Selber-Essen!

Gesundheitsbewusste Großeltern bemängeln genau wie Ernährungsexperten seit Jahrzehnten, dass die zwar bequeme und hygienisch einwandfreie Gläschen-Kost viel zu sehr auf erwachsene Geschmacksvorstellungen ausgerichtet ist. Vor allem enthält sie zuviel Zucker und meistens viel zuviel Kochsalz.

Das belastet nicht nur die Nieren, sondern bindet bekanntlich auch Wasser im Körper, verursacht Stoffwechselprobleme, kann zu späterem Bluthochdruck sowie unerwünschter Gewichtszunahme führen und verdirbt zu allem Überfluss den Sinn für den Eigengeschmack von Speisen bei Menschen jeden Alters.

Wesentlich sinnvoller kommt Geschmack durch alle möglichen Kräuter und Gewürze von Dill bis Vanille mit ihren ganz speziellen Wirkstoffen zustande. Wussten Sie zum Beispiel, dass Petersilie ein hervorragender Lieferant für Vitamin C ist? Und wie oft haben Sie schon den Pudding mit frischem Lavendel dekoriert?

Vielleicht werden Sie sich lächelnd an vergangene Ferien erinnern, wenn Ihre Enkel (ohne die Vorliebe meiner eigenen Kinder zu kennen) nicht nur Sauerampfer, sondern auch Gänseblümchen von der Bergwiese verspeisen oder gar frische, hellgrüne Tannenbaumtriebe in Honig einlegen und der Familie als Delikatesse servieren. Auch Brennesselsuppe ruft hoffentlich nicht nur Nachkriegsassoziationen wach.

Ihres Namens würdig sind Lebensmittel eigentlich erst, wenn sie dazu beitragen, unsere Mahlzeiten vielseitig, gehaltvoll, leicht und gesund zu machen.

- ✓ **Vielseitig** bedeutet abwechslungsreich, so dass sich auch die nicht zu vermeidenden unterschiedlichen Schadstoff-Belastungen möglichst verteilen.
- ✓ **Gehaltvoll** bedeutet einerseits vollwertig (Getreide, Rohkost, Pflanzenöle), andererseits ausgeglichen im Verhältnis zwischen Kohlehydraten, Eiweiß, Fett, Vitaminen, Mineral- und Ballaststoffen – zuviel tierisches Eiweiß beispielsweise (vor allem Fleisch, Stichwort: Hamburger!) »mästet« nicht nur, sondern belastet den Stoffwechsel mit seinen Abbauprodukten. Es verhindert bei Kindern eher ein harmonisches Wachstum, vor allem der geistigen und seelischen Kräfte.
- ✓ **Leicht** bedeutet wenig belastend und gut verdaulich. Dabei haben Ballaststoffe (rohes Obst und Gemüse) eher entlastende Funktion, weil sie die Verdauung fördern.

✓ **Gesund** bedeutet naturbelassen, ohne Pestizid-Rückstände oder Wachstumshormone, ohne chemische Zusätze wie Farbstoffe, Konservierungsmittel und künstliche Vitamine, ohne radioaktive Bestrahlung oder Genmanipulation zwecks längerer Haltbarkeit und genormter Perfektion.

Übrigens: Auch Großeltern sind VerbraucherInnen, EuropäerInnen und WählerInnen, also berechtigt und verpflichtet, zur Gesundheits-, Agrar- und Wirtschaftspolitik ihre Meinung zu äußern!

Allzuoft wird vergessen, dass auch Wasser zu den unverzichtbaren Lebensmitteln gehört – und seine Sauberkeit in zunehmendem Maße gefährdet ist, so dass es auch für uns Menschen gefährlich wird. Saurer Regen, die Meere als Giftmülldeponie, durch Überdüngung verseuchtes Grundwasser, Flüsse als Ver- und Entsorgungskanäle für Atomkraftwerke und Chemiefabriken samt all ihren Störfällen – die Alarmnachrichten gehören schon zum Alltag.

Und was sollen wir trinken?
Nicht einmal mehr jedes Mineralwasser ist, abgesehen von zuviel Kohlensäure, »für die Säuglingsernährung geeignet« (deshalb ist es auf den Flaschen ausdrücklich vermerkt); auch der gesündeste Kräutertee schadet möglicherweise, weil das Wasser zuviel Nitrat oder Natrium enthält.

Eine Faustregel, anwendbar auf Großeltern und Kinder gleichermaßen, heißt: Der Mensch besteht zu 85 bis 90 Prozent aus Wasser. Eine andere: Je kleiner der Mensch, desto größer der Flüssigkeitsbedarf relativ zum Körpergewicht.

Haut und Atemwege geben jeden Tag die Hälfte der aufgenommenen Flüssigkeit unmerklich wieder ab; ohne Flüssigkeit keine Verdauung, keine Harnbildung, die den Körper entschlackt. Wenn Kinder dursten müssen, ist das tatsächlich Gift für sie (allerdings sind weder süße Limonaden noch ausschließlich Milch die ideale Abhilfe).

Schädlich – neben einem Zuviel an Fremd- und Schadstoffen in den Nahrungsmitteln – ist auch ein Zuwenig. Oft fehlt es an Lebenskraft (etwa in Konserven oder frischem Gemüse, das zu lange gelagert, gewässert oder gekocht wurde) und vor allem an Wissen: über die negativen Zusammenhänge zwischen synthetischen Farbstoffen in Vitaminpillen oder billigen Süßigkeiten und Säuglingskoliken beispielsweise oder über die positiven Wirkungen auf die Nervenstärke durch Vitamin B (so in Keimlingen, Hefe und Nüssen).

Manchmal fehlt auch die Fähigkeit zum genauen Hinhören, aber die können Enkelkinder bei kritischen Großeltern ja lernen. Wenn sie beispielsweise zur Verteidigung ihres Lieblingsrestaurants mit dem großen M die Werbebotschaft wiederholen, das Essen dort sei doch »nahrhaft«, so lässt sich locker darauf hinweisen, dass dieses Wort in der Konzernsprache nur bedeutet: »enthält Nährstoffe«.

Erwähnenswert ist auch die Tatsache, dass in London bei einem langwierigen Prozess selbst die Fast-Food-Wissenschaftler dem Befund nur zustimmen konnten, dass »ein hoher Nahrungsmittelanteil an Fett, Zucker, Tierprodukten und Salz, sowie geringe Anteile an Faserstoffen, Vitaminen und Mineralien mit Brustkrebs und Darm- und Herzkrankheiten in Verbindung stehen.«

Die Geschichte vom Zappelphilipp aus dem Struwwelpeter war damals, als meine Oma uns vorlas, eine wirklich kuriose Angelegenheit. Heute spricht man in der Kinderheilkunde ganz ernsthaft vom »Zappelphilipp-Syndrom« und meint damit eine Vielzahl von Ursachen, die dazu führen, dass Kinder fahrig, nervös, unkonzentriert und in jeder Beziehung »aus dem Gleichgewicht« geraten sind.

Hyperaktivität heißt der Fachbegriff, und die besorgniserregende Entwicklung beruht nicht nur darauf, dass Schulkinder sich zu wenig körperlich anstrengen und bewegen, zuviel sitzen und tendenziell besser mit Gameboy-Spielen als beim Seilspringen oder mit der »Ballprobe« zurechtkommen.

Noch immer zu wenig bekannt ist die Erkenntnis, dass zuviel Zucker (vor allem in Limonaden und Softdrinks, aber auch in allerlei »kraftspendenden, gesunden« Müsli-Riegeln oder industriell gefertigten Süßspeisen) recht unmittelbar zum Zappelphilipp-Syndrom beiträgt.

Hinweis für Chefköche
Es gibt ganze Rezeptbücher zum Thema Vollwert-Leckereien – und die Enkel können sich an der Produktion durchaus beteiligen!

15 Verzicht auf eherne Prinzipien und das Lernen in Projekten

Vom Mitmachen und gelegentlichen Rollentausch

»Großväter sind für jeden Unsinn gut«, behauptet mein Vetter Hjalmar. Und grinst eher vergnügt als schuldbewusst, wenn er gesteht, dass er heute seelenruhig zuschaut bei Dingen, die er bei den eigenen Kindern nie und nimmer zugelassen hätte. Zum Beispiel? »Zum Beispiel Käse essen ohne Brot!«

Das hat natürlich seinen Grund. »Insgesamt ist man nicht so nah und ständig dran, das ist der größte Vorteil.« Diese erklärende Analyse wird kaum jemand bestreiten wollen. Großeltern als vertraute, aber doch leicht distanzierte Gestalten prägen das Weltbild kleiner Kinder mit. Für Jugendliche sind sie später oft Zuflucht und die verlässliche Instanz bei Auseinandersetzungen in der Familie.

Den Eltern dieser Jugendlichen wiederum können sie im Idealfall hilfreiche Gesprächspartner sein, denn über Vergleiche mit »damals«, durch Erinnerungen an vergangene Probleme, geglückte oder misslungene Lösungsversuche und die damit verbundenen, fast vergessenen Gefühle lassen sich – dank unterschiedlicher oder geänderter Perspektiven – durchaus auch Antworten auf aktuelle Fragen finden.

Schwere Generationskonflikte müssen nicht unausweichlich entstehen. Erfahrungen und bewahrtes Wissen sind von Fall zu Fall mit neuen Erkenntnissen und Notwendigkeiten sehr wohl in Einklang zu bringen – Voraussetzung allerdings ist: Es wird auf Rechthaberei und wechselseitige Missachtung verzichtet.

So kommt die zugunsten neuer Sachlichkeit lange verschmähte Wiege neben Mutters Bett wieder zu neuem Ansehen, weil sich herumspricht, wie viel unproblematischer sich gerade die nervösen, anstrengenden Babys darin beruhigen lassen. Großelterliche Vorstellungen von sinnvoller Beschäftigung mit Kindern, also Vorlesen, Basteln, Fingerspiele, aber auch kleine Abenteuer mit Tieren, Experimente in der Küche, im Garten oder beim Dammbau am Bach, wirken – als Gegengewicht zu Fernsehen, Musikcassetten und anderem eher hektischem Medienkonsum – ausgesprochen positiv auf das Familienklima.

Hjalmar, der Biologe, freut sich an der genauen Beobachtungsgabe seines Enkels, wenn der bei gemeinsamen Ausflügen Schnecken, Kaninchen und anderes Getier entdeckt und kleine Kommentare dazu abgibt. Und es war zugegebenermaßen auch der eigene Spaß mit im Spiel, als er dem Nachwuchsforscher das erste Vogelbuch schenkte: »Jetzt kommen wir schon richtig ins Fachsimpeln durch Vergleiche zwischen »meinem« Buch, »deinem« Buch und dem, was wir gemeinsam erleben...«

Andererseits wurde nach unzähligen Babygenerationen endlich die Mär vom so besonders »gesunden Spinat« und seiner Unentbehrlichkeit ad acta gelegt: Der verblüffende Eisengehalt beruhte schlicht auf einer Fehlberechnung um eine Kommastelle, die ohne Überprüfung immer wieder zur Grundlage von Nährwertempfehlungen gemacht wurde. Dass Babys ihn nie besonders mochten, ist verständlich: Spinat enthält extrem viel Nitrat (und Reste sind, wenn nur aufgewärmt und nicht noch einmal richtig aufgekocht, tatsächlich gesundheitsschädlich).

Auch ehemals eherne Prinzipien wie: »Es wird gegessen, was auf den Tisch kommt!«, »Du bleibst so lange sitzen, bis der Teller leer ist!«, »Kinder haben bei Tisch zu schweigen, wenn sie nicht gefragt sind!«, wurden zum Glück revidiert:

- ✓ Kleine Kinder dürfen und sollen von allem kosten, werden aber zu nichts gezwungen.
- ✓ Über viele kleine Essportionen, nicht durch das Augenmaß überbesorgter Erwachsener, lernen Kinder selbst, die richtigen Mengen zu bestimmen; vor allem wird dadurch die Gefahr von Machtproben ebenso gebannt wie gesundheitsschädliche Überfütterung.
- ✓ Großeltern, die sich wache, selbstbewusste und wortgewandte Enkel wünschen, reservieren gerade die gemeinsamen Mahlzeiten zum Zuhören und Erzählenlassen.
- ✓ Es ist nie zu spät, dass Familien generationenübergreifend voneinander lernen.

Omas wissen vermutlich noch, warum es Kleinkindern anfangs so schwer fällt, vom Löffel zu essen: weil sie beim Trinken an der Mutterbrust nämlich nur Erfolg haben, wenn sie mit ihrer Zunge die genau entgegengesetzte Bewegung machen.

Väter von heute können überzeugend erklären, warum modernen Fertigmilchpräparaten, auch wenn sie für Großväterbegriffe »viel zu dünn« wirken, keine Haferflocken zugesetzt werden sollen: weil sie nämlich der Muttermilch angepasst sind, die sowas auch nicht nötig hat.

Großeltern können ihre Erfahrung vermitteln, dass ein Baby im Grunde gesund ist, solange es Appetit hat und mit locker angewinkelten, nach oben gerichteten Ärmchen schläft – selbst wenn es häufiger weint oder einmal eine Woche lang nicht zugenommen hat.

Und bereits minderjährige Enkelkinder können mit etwas Geduld und pädagogischem Geschick den Großeltern verständlich erklären, wie man durchs Internet surft, dass man eine CD-ROM vorzüglich als Konversationslexikon nutzen kann und warum ein Modem zum ganz normalen Telefonanschluss gar kein Luxus mehr ist. Der Familienharmonie dient es sehr, wenn Erwachsene sich klarmachen, was gesunde Kinder nicht brauchen – und warum.

1. **Kein tägliches Bad:**
   wegen des Wärmeverlustes, wegen der Wasserverschwendung und weil der Säureschutzmantel der Haut zu sehr angegriffen würde; auch bei »völlig verdreckten« Spielplatzkindern genügt die Dusche vollauf.
2. **Keine Rundumdesinfektion:**
   weil sie illusorisch ist, wegen der giftigen Rückstände, weil auch nützliche Bakterien dabei zugrundegehen und gerade die gefürchteten leicht resistent und damit unangreifbar werden.
3. **Keinen Vigantolstoß oder Vitamin-D-Gaben »für alle Fälle«:**
   weil das zu frühzeitiger Verknöcherung, späterer Arterienverkalkung, Kopfschmerzen, Konzentrationsschwierigkeiten und manch anderen Nebenwirkungen führen kann; vor allem aber, weil die Rachitisprophylaxe nur nach Absprache mit dem Kinderarzt oder der Kinderärztin erfolgen soll.

Gerade weil Sie als Großeltern nicht so »dicht dran« sind, am täglichen Schulstress beispielsweise, und doch die längerfristig negativen Folgen besorgt feststellen, interessieren Sie sich möglicherweise für pädagogische Modelle und außerschulische Projekte zum gemeinsamen Lernen.

Gerade wer noch selbst im Berufsleben steht, in der Zeitung nicht nur die Sportmeldungen liest und sich eigene Gedanken über die Perspektiven der Enkelgeneration macht, entdeckt immer wieder Anregungen und Informationen, die es sich lohnt weiterzugeben. Über die Stiftung »Jugend forscht« beispielsweise, die bald ihr 40jähriges Jubiläum feiern kann, über internationalen Schüleraustausch, über die Chancen interkultureller Begegnungen durch Musik oder Sport.

Es kommen aber auch Vorschläge in Frage, die der heutigen Enkelgeneration womöglich zunächst nicht so ganz geheuer erscheinen: Informationen über gemeinnützige Ferienarbeiten beispielsweise – vor der eigenen Haustür aber auch außerhalb Europas, in der sogenannten Dritten Welt. Dort lässt sich Gemeinschaftsfähigkeit ganz selbstverständlich wie nebenbei lernen; so wächst politisches Verständnis und das soziale Engagement der Enkel aus eigener Anschauung.

Wir gehen ja schon schlafen, aber im Fernsehzimmer.

16 Innere Ruhe, Erfahrungsaustausch und hilfreiche Distanz

Von problematischen Phasen ohne Panik-Attacken

Großeltern in erreichbarer Nähe gelten als Glücksfall für Kinder. Zu Recht. Zweifelhaft wird das Vergnügen allerseits erst dann, wenn Großeltern zur ständigen Kinderbetreuung eingesetzt werden. Denn dann kann sich herausstellen, dass ihre Grundauffassungen und Erziehungsstile doch erheblich von denen der Kindeseltern abweichen.

Andererseits fühlen Großeltern sich auf die Dauer den körperlichen, nervlichen, zeitlichen und sonstigen Beanspruchungen durch diese Persönchen oft nicht mehr recht gewachsen.

Zum dritten allerdings geben Großeltern wie Uli und Karin, die zum Enkelhüten mehrmals im Jahr für einige Wochen regelrecht den Wohnort wechseln, gerne zu: »Ein bisschen Strapaze dann und wann ist wesentlich besser als gar kein Kontakt.«

Wir alle wissen: Keine Familie existiert hierzulande unabhängig vom Wohnungsmarkt, vom Arbeitsmarkt, vom Wochen- oder nächsten Supermarkt – von Nachbarn und der Verwandtschaft ganz zu schweigen.

Krankheiten, Erziehungsprobleme, Geldschwierigkeiten, Stress am Arbeitsplatz oder eine brüchige Partnerbeziehung beeinträchtigen sehr grundsätzlich die Lebensqualität. Ein Glück, wenn da die eigenen Eltern und Schwiegereltern nicht zum Teil des Gesamtproblems werden, sondern im Gegenteil immer wieder zur Lösung von Teilproblemen beitragen können.

> *Meine Cousine Marila beispielsweise erzählt mit leichtem Schmunzeln, dass ihre Tochter – nachdem sie früher lauthals verkündet hatte, bei den eigenen Kindern werde sie später garantiert alles ganz anders machen, auf jeden Fall nie so wie die eigene Mutter – mittlerweile aus eigener Praxis auf längst bewährte Tricks und Kniffe kommt. »Nur nichts aufdrängen«, ist Marilas Taktik. »Zusehen können und den Mund halten, auch wenn Du genau weißt, wie's leichter ginge …«*

Innere Ruhe ist in ganz »jungen« Familien eher Mangelware. Statt der edlen, selbstlosen Gefühle stellen sich erst einmal Unsicherheit, Irritation und zumindest zeitweise der dumpfe Verdacht ein, all den Anforderungen überhaupt nicht gerecht werden zu können. Jede Großmutter erinnert sich an die eigenen »Tränen des dritten Tages«. Heute spricht man von »Wochenbettdepression«. Gleichgeblieben ist die Tatsache, dass es sich dabei um eine zum Teil hormonell bedingte, daher vom Willen kaum zu beeinflussende Reaktion handelt – und dass es überhaupt keinen Grund gibt, sich ihrer zu schämen oder gar Schuldgefühle zu entwickeln.

Äußerer wie innerer Stress als Folge einer besonderen Belastung oder Bedrohung läßt letztlich nur die Wahl zwischen zwei Möglichkeiten: Fliehen oder Kämpfen. Wenn es um »handfeste« Dinge geht, fällt das Kämpfen vergleichsweise leicht.
Handelt es sich dagegen um das untröstliche Schreien eines Babys oder um den zeitweise verlorenen »Zugang« zu einem schwierigen Schulkind, dann erscheint die Alternative Fliehen-Wollen als gar nicht so abwegig. Da ist es entscheidend wichtig, dass Großeltern genug Zuspruch und Unterstützung, wirksamen Rat und praktische Hilfe anbieten können, um diesen Reflex zu überwinden – oder um ihm gelegentlich auch mal nachgeben zu dürfen, weil die »Ablösung« funktioniert.

Psychologen betonen immer wieder, der Mensch könne nicht ausnahmslos »gute« Gefühle haben. Enttäuschung, Müdigkeit, Ungeduld sind ebenso normal und entschieden leichter zu verkraften, wenn sie nicht immer »geschluckt« werden müssen, sondern – ohne schlechtes Gewissen und Selbstvorwürfe – ausgesprochen werden. Stress-Signale verlangen vor allem Ruhe fürs Familienleben. Im Fall von jungen Müttern: die »heilige Mittagsruhe«!

Innere Ruhe gründet sich natürlich darauf, dass der Mensch sich keine unzeitgemäßen Sorgen macht, genug Selbstvertrauen entwickelt hat, sich auf liebe Menschen verlassen kann und deshalb alle Kraft auf das jeweils Nächstliegende (im Idealfall also: auf die augenblicklichen Bedürfnisse der Familie und nicht zuletzt die eigenen) konzentrieren kann. Dieser schöne Satz ist für alle Generationen gleichermaßen wahr.

Nun ist der Idealfall bekanntlich nicht die Regel, und daher gibt es durchaus eine ganze Reihe von Problemen, die sich mit »innerer Ruhe« allein nicht lösen lassen. Es besteht zwar keine Garantie, dass mit Hilfe von Großeltern »alles wieder gut« wird, doch nach gründlichem Erfahrungsaustausch und gemeinsamem Überlegen sieht manche Situation schon weniger bedrohlich aus.

Eine der schwierigsten »Situationen« entsteht immer dann, wenn gewaltsame Lösungen versucht werden. Vorausgesetzt einmal, Sie selbst neigen nicht zu derartigen Strategien und halten ganz und gar nichts von dem nach wie vor weitverbreiteten Argument, ein kräftiger Klaps zur rechten Zeit habe noch keinem Menschen geschadet.

Dann bestünde im Problemfall die schwierige Aufgabe immer noch darin, die Eltern Ihrer Enkel von Ihrer Ansicht zu überzeugen. Bezeichnenderweise rutscht ja gerade jenen Menschen häufig die Hand aus, die für grundsätzliche Diskussionen nicht eben zugänglich sind.

Oft ist die Demonstration »elterlicher Gewalt« (früher war das ein sehr respektabler Begriff – seit Ende des Jahres 2000 hat zumindest in Deutschland jedes Kind das gesetzlich garantierte Recht auf gewaltfreie Erziehung) nur das Ventil für anderen Frust: Ärger im Beruf, finanzielle Probleme, Eifersucht, Unzufriedenheit mit sich selbst .... Geringes oder zeitweise erschüttertes Selbstwertgefühl (Beispiel Arbeitslosigkeit) und daher das Bedürfnis, wenigstens im Familienkreis die eigene Macht spüren zu lassen, wird ebenfalls als Ursache für Gewalt (auch sexuelle Gewalt) in der Familie genannt.

Weil es unter solchen Umständen allzuoft heißt: »Halt Du Dich da raus«, weil ein »Mitmischen« nicht in Frage kommt, und Väter und Mütter, die sich zur Gewaltanwendung hinreißen lassen, eher Hilfe brauchen als Gegendruck, bleibt Ihnen als besorgten Großeltern nur ein Weg: Vermitteln Sie hilfreiche Kontakte zum Kinderschutzbund, zu Frauenhäusern, zu beschützenden Mädchengruppen, zu Sozialpädagogen oder Frauenbeauftragten. Schweigen oder wegsehen dürfen Sie nicht.

Weniger als je zuvor gilt heute Gewalt als gesellschaftlich anerkannte, »legale« Erziehungsmethode. Dennoch geht die allgemeine Tendenz eher in Richtung »Wegschauen statt Helfen«. Die in immer mehr Städten eingerichteten »Krisentelefone« des Deutschen Kinderschutzbundes oder ähnlicher Organisationen – z.B. die Stiftung »Bündnis für Kinder gegen Gewalt« – sind vielfach eine große Hilfe, besonders für Väter und Mütter, die sich selbst hier melden.

Fatalerweise verleiten sie aber auch zur Denunziation. Dabei besteht die einzig dauerhafte Abhilfe nicht darin, neue Sündenböcke zu benennen und drakonische Strafen zu fordern, sondern darin, die Ursachen häuslicher Gewalt zu bekämpfen.

Während Großeltern in den ersten Jahren ihrer neuen »Würde« ihre Erfahrungen und ausdrücklich angeforderten Ratschläge vor allem an die jungen Eltern weitergeben, entwickeln sich nach ein paar Jahren eher die Beziehungen zu den Enkelkindern: intensiv, aber keineswegs immer gleich.

Wenn es in einer jungen Familie kriselt, Probleme in der Partnerschaft offensichtlich werden, aber nicht ohne weiteres zu lösen sind, dann leiden vor allem Kinder doppelt und dreifach. Sie wollen nicht und können kaum Partei ergreifen, sie fürchten den Bruch und die unerträglichen Spannungen gleichermaßen.

Es ist zwar nicht gerade die Regel, aber möglich ist es sehr wohl, dass nach einer Trennung ihrer Eltern die Kinder die Gewinner sind! So wie eine meiner entfernteren Großnichten und ihr Bruder: Schon vor Jahren erklärten sie mir sichtlich stolz, sie hätten jetzt zwei Väter und zwei Mütter – aber Großeltern noch viel mehr! Und zu allen pflegen sie weiter ihr jeweils ganz besonderes Verhältnis.

Aus der Ferne läßt sich oft leichter als in unmittelbarer Nachbarschaft erkennen, wo Entwicklungen in eine problematische Richtung gehen. Nur zwei recht konträre Stichworte: Überfordern und Überbehüten. Beides kann Enkelkindern, egal ob Mädchen oder Jungen, mit diesem oder jenem Handicap, in jeder Entwicklungsphase schwer zu schaffen machen. In beiden Fällen können Großeltern wieder nur aus hilfreicher Distanz agieren. Nicht durch direktes Eingreifen, schon gar nicht durch vorwurfsvolle Briefe oder ein Bombardement der Eltern mit »Ich an Eurer Stelle ...«.

Familienleben ohne mehr oder weniger heftige Problemphasen gibt es nicht. Wenn alle Beteiligten offen und grundsätzlich vertrauensvoll damit umgehen, können Probleme dem Zusammenhalt durchaus zuträglich sein. Denn mehr als alle Drohungen, Warnungen oder weisen Worte beeindruckt Kinder das Beispiel, das Erwachsene ihnen durch Taten geben – ganz besonders dann, wenn sie es schaffen, Fehler zuzugeben, sich zu entschuldigen und mit Schwierigkeiten fertigzuwerden.

Versuchen Sie, wann immer es Ihnen nötig erscheint, Kontakt herzustellen zu anderen Eltern, die schon weiter sind und offen über frühere Fehleinschätzungen sprechen können. Mit Sicherheit findet sich ein passender »neutraler« Zeitungsartikel oder ein Buch zum Thema.

Im Fall von Überbehütung könnte ein sehr vorsichtiges, wohldosiertes Gegensteuern – wenn die Enkel in den Ferien zu Besuch kommen – helfen. Krasser Wechsel des Erziehungsstils allerdings wäre nicht hilfreich, sondern eindeutig eine Überforderung der Kinder.

17
Verwöhnte, blockierte und begabte Enkel

Von »Quälgeistern« und qualifizierten Anti-Quengeltipps

Kein Kind wird sich je als Quälgeist empfinden, wenn es doch nur mehr ungeteilte Aufmerksamkeit, Zeit und Zärtlichkeit fordert. In jedem Alter und auf unterschiedlichste Weise hungert es geradezu nach Beachtung, Lob, Liebe und Hautkontakt. Anfangs wird oft mit Zufallstreffern gearbeitet: Ein Baby beruhigt sich heute beim Schmusen, morgen durch Schaukeln, ein andermal erst an der frischen Luft. Allmählich entdecken auch Großeltern wieder ihren gewissen Spürsinn dafür, was dieser Winzling mit seinem Weinen ausdrücken will.

Dem Quengeln hingegen, also ständiger Unruhe, leicht auftretender Unzufriedenheit, späterer Nörgelei und undefinierbarem, mehr oder weniger ziellosem Protest, kann man erst erfolgreich zu Leibe rücken, wenn man den Ursachen auf der Spur ist. Die allerdings können bekanntlich nahezu überall liegen: im körperlichen wie im seelischen Bereich, in zuviel und zuwenig Anregung, in der Familienatmosphäre oder tatsächlich in der »dicken Luft« durch umweltverpestende Fabrikemissionen.

Einerseits reagieren Menschen mit »erlernter Hilflosigkeit« auf das Quengeln eines Kindes, so nehmen sie nach einiger Zeit die Zeichen des Unbehagens oder sogar seine Notsignale überhaupt nicht mehr richtig wahr, weil sie glauben, an der Situation ohnehin nichts verbessern zu können. Andererseits gibt es Menschen, die dadurch nicht bloß aggressiv, sondern regelrecht gewalttätig werden.

Vera, die ihre Tochter allein großgezogen hat, sagt inzwischen, wie leid es ihr tut, »dass es zwanzig Jahre gedauert und viele Tränen gekostet hat, bis mir klar wurde, warum wir beide so enttäuscht waren – obwohl mein Kind doch mein ein und alles war.«

Heute sieht Vera ihre Aufgabe darin, durch Gesprächsgruppen im Frauenzentrum »zu verhindern, dass aus diesem Mutter-Verständnis heraus doppeltes Leiden entsteht – nämlich dann, wenn Mütter unverlangte Opfer bringen und ihre Erwartung an entsprechende Dankbarkeit natürlich unerfüllt bleibt. Wie soll ein Kind es je wieder »gutmachen« können, dass seine Mutter sich quasi selbst aufgegeben hat?«
Veras Enkeltochter jedenfalls wird in dieser Falle nicht gefangen sein.

Besonders die durchdringend schrillen Schreie mancher Frühgeburten oder von Geburt an kranker Babys können dazu führen, dass ihre Eltern irgendwann einmal die Beherrschung verlieren. Statt Mitleid empfinden sie nur noch Ärger, und schon dreht sich der Teufelskreis. Denn kleine Kinder sind bekanntlich so empfindsam wie Seismographen: Sie spüren und melden sofort, wenn die Harmonie innerhalb der Familie aus dem Gleichgewicht gerät. In diesen Fällen weinen sie also noch öfter, noch unerträglicher, aber Trost und Wärme können sie von ihren entnervten Eltern nicht bekommen, obwohl nichts ihnen dringender fehlt ...

Wer nach den Gründen dafür sucht, dass kleine und größere Kinder »unleidlich« sind, wird bald feststellen, dass sie leiden: körperlich oder seelisch.

Bei Krankheiten können Ärzte helfen; aber auch bei drohenden Gesundheitsstörungen, besonders durch die immer stärkere Reizüberflutung im ganz normalen Alltag, sollten Sie sich mit Ihren Ratschlägen – etwa: kein Fernsehen für Kleinkinder! – zuständig fühlen. Die meist viel zu rasch und jedenfalls unbeeinflußbar vorbeirauschenden Bilder sind das extreme Gegenteil dessen, was kleine Kinder brauchen, nämlich Situationen und Abläufe, die sie selbst bestimmen und verändern können, in denen sie be«greifen« können, um Zusammenhänge zu verstehen.

Damit sind bereits die seelischen Gründe für Unleidlichkeit angesprochen, die sich allesamt als Über- oder Unterforderung zusammenfassen lassen. Dabei kann es sich um einmalige Ereignisse handeln, aber auch um allgemeine, normale, kaum zu vermeidende Situationen. Und genau da ist es Aufgabe der Großeltern, Müttern die Vorstellung auszureden, alles sei auf ihr Versagen, auf ihre persönliche Unfähigkeit allein zurückzuführen. Stress und Spannungen in der Familie wirken unweigerlich »ansteckend« auf Kinder.

Das ist kein Trost – aber hoffentlich Ansporn, die Dinge rechtzeitig zu klären. Möglicherweise ergeben sich ganz neue Sicht- und Verhaltensweisen, nachdem über Organisationen wie die Deutsche Gesellschaft für das hochbegabte Kind e.V. oder den Studienkreis/Hochbegabtenförderung e.V. neue Kontakte geknüpft werden konnten.

Merksatz: Auch Genies brauchen Hilfe! Das zeigt sich besonders in der Schule, weil natürlich verhindert werden soll, dass die kleinen Überflieger vor lauter Langeweile »abschalten«.

Wenn Eltern ihre Beziehung zu den Kindern, ihre Träume und Pläne ständig mit zwiespältigen Gefühlen belasten (etwa einer Mischung aus Hingabe, Eifersucht, Überschwang, Desinteresse, Stolz und Schuldgefühlen – die für sich betrachtet natürlich alle und jedes für sich »zulässig« sind), dann behindern sie das Wachsen dieser Beziehung.

Erhalten Kinder auf Dauer »falsch« klingende Botschaften von ihren Bezugspersonen, ist es kein Wunder, wenn Babys quengeln, Schulkinder hin- und hergerissen sind und ältere Jugendliche überhaupt nicht reagieren, weder auf unausgesprochene »Signale«, noch auf ausdrückliche Aufforderungen oder Angebote.

Auch gutgemeinte Absichten der Erwachsenen können Kinder über- oder unterfordern, können sie aus dem Gleichgewicht bringen und jene »nicht zu erklärende Unleidlichkeit« zur Folge haben. Selbst Großeltern sind leider nicht dagegen gefeit, die eigenen Enkel in den einen oder anderen Gefühlszwiespalt zu stürzen: z.B. ...

1. wenn die Enkel mehr von den »gesunden« Dingen essen sollen, selbst wenn sie gar keinen Hunger haben,
2. wenn sie beim Topfsitzen mit spannendem Spielzeug »unterhalten« werden,
3. wenn sie sich zwischen zwei gleichermaßen verlockenden Alternativen entscheiden sollen, etwa: Radlfahren mit der Oma oder Backen mit dem Opa,
4. wenn sie nicht ernst genommen werden (was von Tag zu Tag andere Maßstäbe erfordern kann),
5. wenn die Großeltern vor lauter Fürsorglichkeit den Bewegungsraum und damit den Erfahrungs- und Selbstbehauptungs-Spielraum einschränken,
6. wenn ihnen der lohnende Höhepunkt jedes neuen Spielversuchs, das »Aha!«-Erlebnis, durch übereifriges »Helfen« der Erwachsenen verdorben wird,
7. wenn der (immer berechtigte) Kummer der Kinder mit billigem Trost zugeschüttet wird.

Sobald Kinder erst einmal gelernt haben, sich mit Worten auszudrücken, läßt sich gegen quengelige Unzufriedenheit leichter etwas unternehmen. Solange sie als »Quälgeister« mehr oder weniger eindeutige Signale aussenden, gibt es mindestens fünf hilfreiche Stichworte:

Nähe:
das heißt unter Umständen gemeinsames Matratzenlager im Wohnzimmer oder »auf der Ritze« schlafen dürfen.

Bewegung:
das heißt beispielsweise Wiege statt Kinderbett, ein Weilchen mit Opa im Schaukelstuhl oder in der Hängematte zu ruhen, ausgefahren, getragen zu werden, die vibrierende Stimme eines Menschen zu spüren, der singt.

Grenzen:
damit sind schützende, nicht einengende Grenzen gemeint, denn Spielraum ohne Geborgenheit macht Angst. Es könnte also etwa ein »Himmel« über der Wiege und eine Polsterung am Kopfende sein, weil Babys fast immer jenen Widerstand vermissen, der sie im Mutterleib umgeben hat; später dann gehören sicherlich Spielregeln, Einschlafriten, bestimmte Reihenfolgen, Ver- und Gebote dazu – alles auch in der Erwartung, dass diese »Grenzen« eines Tages überflüssig sind und überschritten werden (müssen).

Gemeinsamkeit:
das sind verläßliche, aber auch immer wieder neu zu treffende Vereinbarungen, vor allem in Form von festen Zeiten für gemeinsame Aktivitäten und Besuche.

Anerkennung:
das heißt weder Lobhudelei noch »Niedermachen«, denn Kinder haben ein feines Gespür – gleichzeitig wollen sie natürlich auch die Einschätzung und Bewertung anderer kennenlernen. Darum

hat es andererseits so verheerende Wirkung, wenn sie von allen Seiten zu hören bekommen »das kannst du nicht – das lernst du nie – du bist zu dumm, zu dick, zu faul, zu klein ...« Am besten, Sie als Großeltern streichen solche Sätze ein für alle Mal aus Ihrem Repertoire.

Am leichtesten werden aus quengeligen Quälgeistern lebensfrohe Mitmenschen, wenn sie mit all ihren fünf Sinnen lernen, leben und sich im eigenen Rhythmus die Welt erobern können. Das ist die große Chance für ihre Großeltern, die sie begleiten, aber möglichst nicht bevormunden sollen.

Drei Thesen zum Verwöhnen, Trösten und Vertrauen:

✓ Kleine Kinder kann man nicht verwöhnen, indem man ihnen gibt, was sie brauchen. Nur wenn ihre frühen Bedürfnisse (vor allem nach Nähe und Aufmerksamkeit) nicht gestillt werden, sind Menschen später unersättlich und unfähig, selbst zu geben.

✓ Ersatz-Trost kann süchtig machen, statt zu helfen. Kinder, die mit süßen Sachen »ver«tröstet werden, sobald sie Zuwendung beanspruchen, sind in großer Gefahr, sich für den Rest ihres Lebens an Konsum als Ersatz für Problembewältigung zu gewöhnen (Essen, Lutschen, Rauchen, Trinken) – und immer nach der schnellen, mühelosen Lösung zu verlangen.

✓ Die ersten Eindrücke prägen sich konkurrenzlos ein. Wenn Weinen nichts bewirkt, wenn man eher alleingelassen als getröstet wird, wenn Erwachsene mal helfen, mal nicht, dann entsteht ein schwer zu korrigierendes Welt- und Menschenbild aus Missmut und Resignation oder Dickköpfigkeit, mangelndem Ur- und deshalb auch schwachem Selbstvertrauen.

Sicher wünschen auch Sie sich begabte, gescheite, wache, lebenstüchtige Enkel. »Begabtsein« aber bedeutet etwas anderes als mit einem überdurchschnittlich hohen IQ ausgestattet zu sein. Es umfaßt vielerlei Fähigkeiten und Einstellungen, die Sie als Großeltern mit Vergnügen entwickeln helfen können und die sich später im Leben als unschätzbar erweisen werden. Das sind vor allem: Wißbegier und Mitgefühl, ein großer Wortschatz, ein lebendiges Vorstellungsvermögen und Spaß am Spiel mit eigenen und fremden Ideen.

All dies freilich kann ein Kind kaum in sich entdecken, wenn es nicht immer wieder jemanden findet, an dem es sich messen, gegen den es sich behaupten, mit dem es sich freuen und weiterentwickeln kann.

So überraschend es klingen mag: Wer sich wirklich auf ein quengeliges Kind einlässt, wird in ihm einen wunderbaren, liebenswerten Lehrmeister finden!

18
Urlaub mit Enkeln und stärkender Rückzug

Vom gemeinsamen Verreisen und Alleinseinkönnen

Kinder mögen – und brauchen – Bewegung und Ruhe gleichermaßen. Ihre Eltern nicht minder. Wenn Großeltern da vermitteln wollen, besteht ihr Kunststück darin, alle Interessen und Bedürfnisse unter einen Hut zu bringen. So kommt es zum Urlaub mit Enkeln. Unterwegs und fern von zu Hause ist manches eher noch schwieriger, aber nichts ist unmöglich. Eine vorausschauende Planung und eigene »seelische Vorbereitungen« der Erwachsenen müssen allerdings sein: Je jünger die Kinder, desto geringer ihre bewusste Mitwirkung am Gelingen, desto größer aber möglicherweise die Probleme, wenn es nicht klappen sollte.

Deshalb:

- ✓ alle notwendigen Einschlaf-Utensilien, die Wickel- und Fütter-Ausstattung, Lieblings-Spielsachen und für etwas größere Kinder eine sinnvolle Überraschung griffbereit verpacken

- ✓ die Auto-Reiseroute in äußerstenfalls Zwei-Stunden-Etappen aufteilen (Pausen fern vom Autobahnparkplatz sind geruhsamer und für chauffierende Großmütter oder Großväter ebenso sinnvoll!)

- ✓ Telefonnummer des Kinderarztes oder der Kinderärztin nicht vergessen und alle abgesprochenen Sicherheitsvorkehrungen beachten
- ✓ am Urlaubsort dezent nach Spielkameraden Ausschau halten, aber keine Freundschaften erzwingen wollen
- ✓ vor allem nie »Urlaub vom Kind« im Urlaub mit Enkeln erwarten, sondern sich herzlich freuen, wenn es »Ferien für alle« in vielerlei Varianten werden.

Solange Babys einigermaßen in ihrem Rhythmus bleiben können, d.h. nach Verlangen und Bedarf gefüttert und gewickelt werden, werden sie überall gern mit den vertrauten Menschen beisammen sein, wenn nur Hitze oder allzustarkes »Reizklima« nicht stören.

Bewegungshungrige Kleinkinder finden lange Reisen eher langweilig; schöne Gegenden sagen ihnen gar nichts. Stillsitzen ist eine Zumutung – allenfalls genießen sie mehrere Stunden Eisenbahnfahrt.

Fliegen mit kleinen Kindern ist vor allem eine Frage der Organisation und der Zeiteinteilung, in der Regel kein medizinisches und kaum ein zusätzliches Finanz-Problem. Oft wird sogar ein spezielles Service-Vergnügen daraus.

Am Ferienort selbst jedenfalls ist unbeschwertes Spielen mit den Großeltern Trumpf. Noble Hotels sind auf derartige Ansprüche kaum gefaßt. So besteht neben der wichtigsten Entscheidung für eine angemessene Unterkunft die zweitwichtigste Vorbereitung darin, den Urlaub nicht durch unrealistische Erwartungen (in Ruhe schmökern, endlich wieder mal ausschlafen ...) selbst zu verderben.

Geradezu ideal ist es, wenn für kleine und heranwachsende Kinder die Großeltern und ein ganz bestimmter Ferienort mehr oder weniger zu einer Einheit verschmelzen. Ein wahrer Schatz an gemeinsamen Erinnerungen sammelt sich da an, und nirgendwo wird es leichter, diese sehr eigene Vertrautheit zwischen den Generationen zu pflegen. In den Bergen oder am Meer sind solche Erlebnisse natürlich besonders eindrucksvoll.

> *Möglich ist letzten Endes überall, was Marila tatsächlich ein bisschen überrascht aber vor allem herzlich gefreut hat: Größter Geburtstagswunsch ihrer beiden älteren Enkelkinder ist »ein Fest im Ferienhaus – nur mit Euch! Und die Eltern sollen zu Hause bleiben ...«*

Urlaub mit Kindern ist schließlich auch deshalb so schön, weil er die Chance bietet, die Welt (egal ob nah oder ferner) gemeinsam mit ihnen in vielen längst vergessenen Einzelheiten neu zu entdecken. Wenn Sie Glück haben, geht es Ihnen wie Andis Oma. Andi nämlich sagt, mit 15 Jahren, wohlgemerkt: »Am liebsten verreise ich mit der Oma. Mit ihr kann man in der Türkei faul am Strand liegen, aber auch Land und Leute kennenlernen.«

Spätestens, wenn auch Ihre Enkel solche Erwartungen kundtun, macht Urlaub im Süden wieder Sinn. Einmal, weil Kinder unweigerlich Türen und Herzen der Einheimischen öffnen, andererseits, weil dann der altmodische Spruch »Reisen bildet« ganz aktuell wird.

Kinder und Jugendliche erfassen meist viel rascher als Erwachsene mit ihrem dicken Panzer aus Vorurteilen die entscheidenden Situationen. Und Sie, mit der Gelassenheit von Großeltern, können ihnen folgen. Möglicherweise gelingt es mit vereinten Kräften, Brücken zu schlagen. Brücken, die vom Urlaubsort aus, wo nicht selten die Enkel viel jüngerer Großeltern hart mitarbeiten müssen, zurück in mitteleuropäische Vorstädte reichen, wo es um Schulprobleme geht und Schlägereien um Markenschuhe oder Designer-Jacken ausgetragen werden.

Für Kleinkinder kommt es nicht erst bei der Ferienreise, sondern schon daheim während des Spaziergangs im Park auf die Sicherheit und praktische Gestaltung des jeweiligen Transportmittels an.

- ✓ Kinder- und Sportwagen sollten, nicht nur mit Rücksicht auf Omas Rücken, sondern als Minimalschutz gegen Autoabgase, möglichst hochrädrig sein.
- ✓ Kinderwagenaufsätze und Babytragetaschen müssen immer mit Sicherheitsgurten auf dem Autorücksitz befestigt werden.
- ✓ Sicherheits-Autositze für Kinder gibt es in großer Vielfalt, für verschiedene Alters- bzw. Gewichts-»klassen« und in TÜV-geprüfter Qualität (erkennbar am GS-Siegel oder anderen schriftlichen Hinweisen). Zur gesetzlichen Vorschrift, dass Kinder bis zum 12. Lebensjahr nur auf den Rücksitzen befördert werden dürfen, gibt es eine einzige Ausnahme: Babys bis 10 kg in speziell konstruierten Sicherheitsschalen, die auf dem Beifahrersitz entgegen der Fahrtrichtung verankert werden (einleuchtender Vorteil: direkter Sichtkontakt zwischen FahrerIn und Kind).
- ✓ Sicherheitssitze und »Kinderanhänger« fürs Fahrrad haben möglichwerweise immer noch nicht ganz den idealen Qualitätsstandard erreicht. Dennoch gibt es in den Fachgeschäften eine ganze Reihe recht bewährter Modelle.
- ✓ Bei Baby-Tragegestellen, -Kraxen und -Rucksäcken oder Tragetüchern ist die Auswahl mittlerweile beachtlich; ob vor der Brust, auf dem Rücken oder seitlich getragen –

Kind und TrägerIn haben auf jeden Fall Körperkontakt und können sich wunderbar unterhalten. Dabei gelten
Faustregel 1:
Ihr Enkelkind sollte zumindest den Kopf aus eigener Kraft eine ganze Weile halten können.
Faustregel 2:
Allzuviel und allzulang ist auch hierbei ungesund.
Faustregel 3:
Bei Verdacht auf irgendwelche körperlichen Unregelmäßigkeiten lieber einmal mehr ärztlichen Rat einholen.

Zu den nützlichen Gerätschaften für mobile Leute gehört unter Umständen auch ein Kinder-Reisebett: in vertrauter Umgebung schläft sich's einfach noch einmal so gut. Aber handlich, leicht und doch zuverlässig stabil muss es sein.

Manchmal allerdings ist auch dem kontaktfreudigsten Baby das Familienleben einfach zu turbulent und aufregend. Es protestiert, weil es Ruhe braucht, sich lieber ungestört mit sich selbst beschäftigen will: mit den Augen spazierengehen, die eigenen Finger und Zehen entdecken, Tönchen und Laute üben – wozu dann selbstverständlich immer wieder das »Echo« der Großeltern gehört.

Auch für größere Kinder ist als Ausgleich zu den wachsenden Anforderungen der Gemeinschaft der Rückzug auf sich selbst unentbehrlich. Etwas »ganz allein« zu schaffen, die eigenen Wünsche und verwirrend widersprüchlichen Gefühle einigermaßen zu klären, all das braucht immer wieder einmal Ruhe und eine gewisse Zeit, damit es sich zu Selbstvertrauen und zu weiterer Neugier auf Menschen und die Welt auswachsen kann.

Es klingt paradox und ist doch so einsichtig: Menschen, die gern und gut auch mit sich allein sein können, sind die gefragtesten Freunde.

19 Rollenvorbilder, Spielverderber und Kaputtmacher

Von den nötigen Spielräumen für kleine und große Kinder

»Keiner kennt so tolle Spiele wie Großpapa!« hieß es früher. Ob das heute auch noch stimmt? Können Sie etwa Watt'n oder Poch oder Mah Jong oder Zaubertricks, die noch nicht im Fernsehen kamen? Und haben Sie es geschafft, sich bei den Enkelkindern gegen eine Flipperkiste, Computerschach oder den Gameboy zu behaupten? Sehen Sie, es geht!

Viele gute Spiele-Bücher gibt es heute, die auf vergnügliche Weise Ihr Gedächtnis auffrischen und nicht das geringste mit dem quasi amtlichen Regelwerk zum »richtigen« Skatspiel zu tun haben. Am allerliebsten freilich haben Kinder in einem gewissen Alter immer noch jene Spiele, die sie sich selbst mit ausgedacht haben, deren Regeln sie mitbestimmen und gelegentlich sogar neuen Anforderungen anpassen können.

Das interessanteste Spiel, das »beste« Spielzeug für ein Kind ist nicht das teuerste Stück aus dem noblen Laden, sondern etwas, das im richtigen Augenblick das jeweilige Interesse weckt oder befriedigt – und so genau dieses Kind immer noch ein bisschen geschickter, einsichtiger und in vielerlei Hinsicht reicher macht.

Den nötigen Spielraum garantiert keineswegs das eigene Zimmer und sei es noch so großzügig bemessen und ausstaffiert. Wichtig ist vor allem die Einstellung der Erwachsenen zum wachsenden Betätigungsdrang von Kindern.

Eine Atmosphäre

1. des Zutrauens – nicht der Abwehr
2. der Anerkennung – nicht der besserwisserischen Kritik
3. der Ermutigung – nicht der ängstlichen Einschränkungen

ist in all den aufeinander folgenden Entwicklungsphasen der beste Rahmen für eine reiche Spielwelt.

Wenn Kinder spielen, unterscheidet sich das grundsätzlich von erwachsenen Spiel-Vorstellungen. Es geht keineswegs um Abschalten, Zerstreuung oder Ablenkung, sondern ganz im Gegenteil um zielstrebiges, konzentriertes, lehrreiches, anspruchsvolles und zugleich lustvolles Tun. Die Vorstellungen von »richtigem Mädchenspielzeug« oder »echten Jungenspielen« verschwinden zum Glück nach und nach immer tiefer in der pädagogischen Mottenkiste.

Das bedeutet aber nicht, dass Sie als Großeltern nicht auf die teilweise völlig unterschiedlichen Spielarten und Lernansätze Ihrer Enkelinnen und Enkel eingehen sollten. Wie sie fragen, worüber sie sich ärgern, was sie zur Verzweiflung oder zum Lachen bringt, ist nicht nur individuell verschieden. Neuere Forschungen zur Koedukation (Sie wissen schon, jene Theorien, die uns damals vom verknöcherten System der strikt getrennten Knaben- und Mädchenschulen befreiten), weisen nach, dass es vor allem das naturwissenschaftlich-technische und soziale Lernen tatsächlich sehr fördern kann, wenn Kinder und Jugendliche sich gelegentlich auch in reinen Mädchen- oder Jungengruppen den jeweiligen »Stoff« erarbeiten.

Sie als Großeltern dürfen es als große Chance verstehen, wenn schon ganz früh die Enkelin in der Werkstatt helfen möchte oder sich für allerlei Maschinen interessiert, ein Enkel sich mehr in der Küche herumtreibt: Die »geschlechtstypischen Interessen« werden noch früh genug durchschlagen – an Ihnen liegt es, die jetzt noch offensichtlichen »sonstigen« zu stärken. Befriedigende Entscheidungen in Richtung Berufswahl ergeben sich nicht zufällig nach einem oft jahrelangen »spielerischen« Anlauf durch das weite Feld der Möglichkeiten.

Spielzeug für die Augen eines Babys sind ganz besonders die Gesichter vertrauter Menschen, kräftige Farben und alles, was sich bewegt, einschließlich der Wäsche auf der Leine im Garten. Ansonsten lebt, spielt und lernt es mit dem ganzen Körper, am liebsten und vorläufig am verläßlichsten mit dem Mund.

Wenn Ihr Enkel etwa im vierten Monat entdeckt hat, dass er aus eigener Kraft etwas bewirken kann, wandelt sich das zufällige Reagieren zum gezielteren Verursachen: Wellen und Wasserspritzer, Glöckchengeklingel oder Schlüsselrasseln.

Unterscheiden lernen ist die nächste Spielstufe. Zugreifen und Fallenlassen, Verschwinden und Wiederkommen, Finden und Vermissen, rein und raus, Aufbauen und »Kaputtmachen«, alles hilft, Zustände und Veränderungen allmählich zu durchschauen, hinter das Geheimnis der Dinge zu kommen. Dazu ist kein »Intelligenzförderungsprogramm ab dem 7. Monat« erforderlich, denn auch die teuerste Version bewirkt nichts anderes als Omis immer wieder einmal neu bestückte »Wunderschublade«.

Es geht darum, Wahrnehmungen möglich zu machen: glatt, duftend, weich, kühl, bunt, schwer, groß oder laut – und irgendwann auch das Gegenteil, immer wieder anders.

Das Sammeln von Erfahrungen und Herstellen von Zusammenhängen bleibt die wichtigste Spielform im zweiten Lebensjahr. Mit Küchengerät aus Holz und Plastik, mit Schachteln und Deckeln, Türen oder Schubladen (Vorsicht, Finger!), mit jedem leicht überdimensionalen Werkzeug lässt sich eine Menge veranstalten. Dazu kommen nun auch stärker differenzierte Gefühle wie »Liebhaben« und Freude beim Wiedererkennen von Menschen und Dingen.

Sobald Sprache »ins Spiel« kommt, eröffnen sich ganz neue Möglichkeiten. Phantasie und Als-ob-Spiele brauchen aber nicht unbedingt sprachlichen Ausdruck, sie fordern und fördern sämtliche Sinne, sie beziehen die ganze Welt mit ein, vom Igel im Garten über den schmelzenden Schneemann oder die Gewitterwolken samt Blitz und Donner bis zum Töpfer im Urlaubsort.

So unbeirrt Enkelkinder schon im Vorschulalter auf Spielregeln bestehen, so falsch wäre es, ihnen vormachen oder gar vorschreiben zu wollen, wie (mit) irgendetwas ein für alle Mal vorschriftsmäßig gespielt wird. Wenn man beim Spielen nicht verändern, umstürzen und von Grund auf völlig neu anfangen darf, wenn man im Spiel nicht Körper und Seele, Geist und Gefühle auf die Probe stellen und stärken darf, wenn dadurch nicht Wissensdurst und Selbstsicherheit, Mut, Kritikfähigkeit und Vertrauen zu anderen Menschen wachsen, dann lohnt sich doch die ganze Sache nicht!

Deshalb wollen Kinder mal allein, mal mit Gleichaltrigen und mal nur mit den Großeltern spielen. Sie wollen außerdem »machen«, gestalten, ihren ganz persönlichen Eindruck hinterlassen – darum sind Knete und Plätzchen-Teig, Sand und Wasser, dicke Stifte und kräftige Farben, Schnee und alle Arten von Matsch so beliebt und unverzichtbares Spielzeug.

Wochenlang im Kühlschrank haltbar, nicht gerade schmackhaft, aber billig und ungiftig (auch nach dem eventuellen späteren Backen in mäßiger Hitze) ist die folgendermaßen selbstgemachte Knete:
Zu 500g Mehl und 170g Salz werden abwechselnd in kleinen Portionen 50g Speiseöl und 100g Wasser gemixt. Farbe bekommt das Ganze durch anschließendes Bemalen bzw. vorheriges Unterkneten winziger Mengen Lebensmittelfarbe.

Mindestens ebenso interessant sind alle »echten« Dinge aus der Welt der Erwachsenen, die der Lust am »auch können«, am anerkannten und deshalb als sinnvoll und befriedigend erlebten Tun entgegenkommen. »Rollenspiel« heißt das Stichwort, und sobald die Gefahr der einseitigen Festlegung gebannt ist, bedeutet das: Ventil, Medizin und sinnvolle Vorbereitung auf künftige Herausforderungen. »Mutter-und-Kind«, »Raumfahrt«, »Doktor im Krankenhaus«, »Kochen«, »Verkehrsunfall« und »Indianer«, alle Spiele haben ihre Berechtigung. Häuser bauen, angreifen, verteidigen und gemeinsam die Überbleibsel in ein Floß auf hoher See verwandeln – alles macht Sinn und Spaß. Auch wenn es mal Tränen dabei gibt – vorausgesetzt, es weinen nicht immer dieselben!

Rollenvorbilder also sind gefragt:

✓ Zärtliche Großväter, die es endlich wagen, außer Formeln und Apparaten auch mal eine neue Lieblingsspeise zu erfinden. Und die helfen können bei der Suche nach einer Antwort auf die ewig neue, manchmal verzweifelte Frage: Lernen – wozu eigentlich?

- ✓ Umsichtige Großmütter, die weiter außerhalb der Familie ihre Interessen pflegen und anerkannt sind, die sich entschlossen engagieren und ihren aufmüpfigen Enkelinnen vormachen, wie man Widerstand leistet.

- ✓ Freunde der Eltern, größere Kinder, Bilderbuch-, Comicsoder helden in Tier- und Menschenform bis hin zu Gestalten aus dem Cyberspace – alle wirken sie irgendwann, irgendwie als Beispiel.

- ✓ Am überzeugendsten aber wirken lebendige Vorbilder für entschlossenes, nicht rücksichtsloses Handeln, für selbstbewusstes, aber nicht fanatisches Denken, einfühlsames und realistisches, aber nicht resigniertes Argumentieren. Es leben diese Menschen durchaus und überall – nicht nur in der eigenen Familie. Sie geben Kindern den besten Rückhalt auf dem Weg in die sehr bedrohte Zukunft dieser Welt. Unsere Welt, die wir wirklich nur noch mit vereinten Kräften, mit Herz, Hand und Verstand werden bewahren können.

»Gutes« Spielzeug ist nicht verbindlich zu beschreiben, denn »gut« ist, genau wie »richtig«, von Zeitpunkt und Situation, Erfahrung, Stimmung und vielem anderen im Leben eines Kindes abhängig.

Darum nur noch einige Merksätze ohne alle denkbaren Einschränkungen und Erweiterungen:

- ✓ Je kleiner die Kinder, desto größer die Verwirrung durch allzuviel Auswahl – weniger (an Vorgaben) bedeutet auch für die Größeren oft mehr (an Kreativität beispielsweise).

- ✓ Sicherheit ist nie absolut, verantwortlich sind immer die Erwachsenen – Kinder brauchen auch Gelegenheiten um lernen zu können, woran Gefahren zu erkennen sind, wie man sie einschätzt und sich angemessen verhält.

- ✓ Technisches Spielzeug ist nicht etwa schlecht an sich – auch hier kommt es auf die Umstände, MitspielerInnen und Spielräume an.

- ✓ Kreativität und Neugier können leicht durch Perfektionismus und die Vorstellungen Erwachsener von Ordnung oder über »richtige« Wege zum Ziel eines Spiels erstickt werden.

- ✓ Enttäuschung ist einer der größten Spielverderber – zu früh oder zu spät geschenktes Spielzeug, langweilige, schlecht verarbeitete oder mit erkennbaren Hintergedanken befrachtete Sachen sollten besser gar nicht erst gekauft und verschenkt werden.

- ✓ Wer aber ein Kind beschenkt und ihm voller Begeisterung das »Geheimnis« gleich dazu verrät, wer es um das aufregene Aha-Erlebnis betrügt, der ist der allerschlimmste Spielverderber von allen.

- ✓ Wichtiger als ideale Spielsachen sind auf jeden Fall phantasievolle MitspielerInnen – ganz egal welchen Alters.

Du musst noch viel lernen!
Du auch!

20
Trotz oder Eigen-Sinn?

Von Verboten und Drohungen, vom Belohnen und Helfen

Längst vorbei sind die Zeiten, da es als ehren- und nachahmenswertes Prinzip galt, den Willen eines Kindes so früh wie möglich zu brechen, auf dass es anschließend erzogen werde. Allzuviele Beispiele für die verheerenden Folgen blinden Gehorsams sind bekannt. Allzuviele Figuren »ohne Rückgrat« sind mitverantwortlich dafür, dass auch heute überall auf der Welt Menschenrechte verletzt und autoritäre Entscheidungen durchgedrückt werden können.

Anstatt uns über ein eigen-sinniges Kind aufzuregen, sollten wir uns über diesen Beweis wachsender Unabhängigkeit freuen und dazu einmal fragen, wieso wir selbst es so selten wagen, entschieden »Nein« zu sagen, wenn dazu einiges Standvermögen gehört.

Großeltern dürfen es zugeben: Die sogenannte Trotzphase ist eher ein Erwachsenen- als ein Kinderproblem. Weder »schlechter Charakter« noch »angeborene Bosheit« sind da im Spiel (es gibt sie gar nicht), sondern einerseits die Unerfahrenheit und die Lernbegierde jedes Kindes, andererseits die Erwartungen und Reaktionen – und das tägliche Vorbild – der Erwachsenen.

Heute fällt es etwa meiner Freundin Helga leicht, ihre Erfahrung weiterzugeben: »Eigentlich wollen Kinder nur Freude machen. Sie wollen auch können, was die »Großen« tun, gemeinsam mit ihnen etwas schaffen. Da sind Süßigkeiten oder große Versprechungen ebenso verkehrt wie angedrohte oder gar verabreichte Strafen. Der wirksamste Ansporn für Kinder ist allemal Anerkennung. Und die allerschlimmste Strafe überhaupt ist das Gefühl, nicht mehr geliebt zu werden.«

In Fortsetzung seiner Erfahrung, dass es sehr wohl Einfluß auf andere nehmen kann (um gefüttert, gewickelt oder getröstet zu werden), versucht das Kind es nun mit seinen neuen Möglichkeiten: Sprechen, sich sträuben, auf etwas bestehen, weglaufen, selbermachen! Alles zunächst ganz positiv und voller Stolz. Erinnern Sie sich? Die Schwierigkeiten fingen an, als Sie diese neuen Fähigkeiten nicht berücksichtigten. Als Sie versuchten – statt die gewachsenen Bedürfnisse anzuerkennen – mit allen Mitteln die Kinder in Ihrem Sinne zu beeinflussen.

Gutes Beispiel: Aufräumen.
Wenn es mit pädagogisch erhobenem Zeigefinger (vielleicht, weil die Erwachsenen selbst eher unordentlich sind und wenigstens bei diesem Kind von Anfang an alles »richtig« machen wollen), wenn es ohne Rücksicht auf die augenblickliche Lage, womöglich ohne jede Vorankündigung heißt: Aufräumen! – dann wird das umgänglichste Enkelkind schon den Gedanken daran verabscheuen und sich vielleicht so bedrängt fühlen, dass es überhaupt nicht mehr richtig spielen kann.

Wird jedoch aus dem Aufräumen ein phantasievoller Teil des Spielens selbst, dann kann das einerseits der von allen geschätzte Auftakt zum ausgedehnten Zu-Bett-Geh-Ritus werden. Andererseits entwickelt sich fast unweigerlich ein gemeinsamer, zuverlässiger Ordnungsbegriff: ebensoweit entfernt von »Schema F« wie vom absoluten Chaos, nämlich sinnvoll jetzt, für uns – und ganz nach Bedarf zu ändern.

Dazu haben schon Generationen von Großeltern sehr praktikable, amüsante und preiswerte Hilfen erfunden:

1. Stabile Schachteln, Kisten oder Tonnen in unterschiedlichen Größen werden mit bunter Folie oder Lieblingsbildern beklebt und dienen dann als Garagen oder Stall, Haus oder Bett – bis morgen.
2. Ausrangierte kleinere Schubladen, im Kleiderschrank oder offenen Regal erreichbar nebeneinander gestellt, dazu Kleiderhaken in Kinderhöhe oder Kleiderbügel in einer quer oder leicht schräg gespannten dicken Kette eingehakt, erleichtern den Überblick und eine gewisse Ordnung, wenn Kinder sich »ganz allein« Socken, Hosen und Jacken anziehen wollen.
3. Sobald »eigenes« geschätzt wird, vermeiden unterschiedliche Farben für jedes Familienmitglied (so bei Zahnbürsten, Lappen oder Handtüchern) Verwechslungen und falsche Vorwürfe – und es wird auch ganz deutlich, wenn der Opa ein Schlamper ist!

Mit wachsendem Wortschatz beweisen vor allem drei Einsilber den zunehmenden Selbstbehauptungswillen. Und vermutlich werden Sie sich heute hüten, diese drei Zauberworte sofort als Opposition misszuverstehen.

»Nein«
Das ist zunächst einmal pure Nachahmung (manche sprachwissenschaftlichen Untersuchungen kommen zum Ergebnis, dass bis zu 60 % der Kommunikation mit Kleinkindern aus »nicht«'s und »nein«'s besteht). »Nein« ist Ausdruck von Erwachsenen-Macht – und irgendwann einmal entdeckt jedes Kind, dass es selbst auch Einfluß gewinnt und viel Eindruck machen kann mit dieser Verweigerung.

Nun muss es Erfahrungen sammeln (auch ein paar schmerzliche unter liebevoller Aufsicht). Es muss herausfinden, was dieses Wort aus seinem Munde bewirken kann und was es bedeutet, wenn die Großeltern es aussprechen. Monate, wenn nicht Jahre wird es dauern, bis Kinder begreifen, dass ein bestimmtes »Nein« nicht nur jetzt gilt, sondern möglicherweise immer. Dann aber kann dieses Wissen sehr beruhigend sein. Genau so wichtig und beruhigend ist andererseits das Erlebnis, dass sich manche Verbote irgendwann erübrigen – und das es einsichtige Gründe dafür gibt.

»Will«

Das ist eine ebenso aufregende Behauptung wie zwiespältige Erfahrung. Denn da klafft eine große Lücke zwischen dem Wissen, was möglich ist, und dem, was Kinder können. »Ulli will hoch« sagt sie, weil sie weiß, da oben ist es interessant. Aber: Wird sie hochgehoben, protestiert sie, weil sie die Sache ja »ganz allein« schaffen wollte. Missglückt der Versuch aus eigener Kraft, ist das Geschrei nicht weniger laut. Ist das Trotz?

Wohl viel eher Kummer über die alte Abhängigkeit. Eine Brücke über diese ewige Kluft lässt sich schlagen, wenn Sie Ihren Enkelkindern immer wieder Mut machen und nach Möglichkeit »Hilfe zur Selbsthilfe« anbieten, statt sie mit »Das kannst du eben nicht!« noch mehr zu enttäuschen.

Wenn aber wirklich etwas verboten werden muss, dann sollten möglichst annehmbare Alternativen in Sicht sein – ohne die Kinder zu überfordern. Selbst für Erwachsene ist es ja oft nicht leicht, sich zu entscheiden. Kinder brauchen vor allem eine geduldige und einfühlsame Familie, um herauszufinden, was sie wirklich wollen.

»Ich«

Das ist überhaupt die größte Entdeckung! Denn sie schließt »selber machen« und »ganz allein« mit ein. Ich gegen alle anderen

– das ist ein völlig neues Weltbild, ein wesentlicher Entwicklungsschritt zum Selbst-Bewusstsein. Im Probierstadium wird es für Großeltern noch einmal einigermaßen strapaziös. Sind aber erst »Du« und »Wir« ebenso selbstverständlich geworden, dann fängt das Leben richtig an: Mit Gegnern und Verbündeten, mit Abgeben, Teilen, Behaltendürfen und:

Helfen!
Helfen, das ist auch so ein Spiel, das total seinen Charakter ändert, wenn Erwachsene nicht geistesgegenwärtig mitspielen: Haben Sie auch nur ein paarmal abgewehrt mit »Lass nur, dazu bist du viel zu klein ..., du machst dich nur schmutzig, ... du tust dir weh!«, dann gibt es nicht nur akutes »Will-aber«-Geschrei, sondern auf Dauer diesen tiefsitzenden Unwillen, mit anzupacken – schon gar nicht, wenn es erwartet wird! Trotz oder Frust?

Dann doch lieber die Corinna-Variante:
Jeden Abend zur Essenszeit bestand die Vierjährige darauf, ihrem Opi ein Bier aus dem Keller zu holen. Als aber die Oma zum ersten Mal um genau diese Hilfe bat, hörte sie von der Kellertreppe den abgrundtiefen Seufzer: »Immer muss ich arbeiten!«

Drei Dinge wollen Kinder ganz unbedingt, nämlich lernen, verstehen und geliebt werden.

Lernen werden sie schlimmstenfalls auch auf negative Weise:

- ✓ dass sich die Mühe sowieso nicht lohnt
- ✓ dass es bloß Ärger gibt, wenn man sich eine schöne Überraschung ausgedacht hat
- ✓ dass man sich besser gar nicht um die anderen kümmert, allenfalls sie beschuldigt, um selbst gut dazustehen

Andererseits lernen Kinder auch, das Verhalten von Erwachsenen zu »lesen« und dieses Wissen effektiv einzusetzen: Beim Schreikrampf im Supermarkt (weil es den Kaugummi dann zu guter Letzt doch gibt) oder bei einer der vielen sonstigen Gelegenheiten, wo sich eine (für Erwachsene meist höchst blamable) Schau abziehen lässt.

Verstehen können Kinder viel früher und viel mehr, als ihnen in der Regel zugetraut wird. Es ist also immer richtig, notwendige Verbote zu begründen. Denn, selbst wenn Enkel noch nicht alles verstehen, so spüren sie doch die Fürsorge und Aufmerksamkeit und fühlen sich nicht überwältigt von den erwachsenen Alleskönnern. Mit der Zeit sind verständliche Begründungen auch der beste Schutz für Sie als Großeltern selbst: einerseits vor willkürlichen Einschränkungen, andererseits davor, überflüssige Verbote aufrechtzuerhalten.

Doppelbotschaften können Kinder übrigens am allerwenigsten verstehen. Wenn etwas plötzlich verboten ist, nur weil Gäste kommen, die sonst denken könnten ... Oder wenn etwas zwar erlaubt ist, aber die Großeltern zugleich ihren Widerwillen spüren lassen. Doppelbotschaften verunsichern. Und Unsicherheit macht aggressiv.

Geliebt zu werden sollte der Normalzustand sein. Nicht so sehr über wortreiche Beteuerungen, mehr durch lebendige Erfahrungen. Also,

- ✓ dass die Großeltern Zeit haben für die ruhige Viertelstunde am Bett vor dem Einschlafen
- ✓ dass Tränen und Zornesausbrüche nicht weggetröstet oder weggeschimpft werden
- ✓ dass es durchaus Grund zu Meinungsverschiedenheiten und Gegensätzen gibt

- ✓ dass es deshalb aber nicht unweigerlich einen Verlierer geben muss, sondern Interessenausgleich
- ✓ dass man die Selbstachtung nicht etwa verliert, sondern stärkt, wenn man sich entschuldigt
- ✓ dass sich im geduldigen Gespräch viel bessere Lösungswege auftun als durch Machtproben, durch Resignation oder das Absetzen in eine Rausch- und Traumwelt
- ✓ dass man andere achtet und sich selbst nicht demütigt, wenn man ihnen verzeiht

Besonders Jugendliche werden zunehmend aggressiv, wenn sie Gleichgültigkeit, Unterdrückung oder Eigensucht bei Erwachsenen erleben. Der Eindruck »Ich bin überhaupt nicht wichtig« entsteht, wenn sie völlig ohne Orientierungspunkte oder schützende Regeln aufwachsen. Der Eindruck »Ich werde bloß gehätschelt, damit ich dankbar bin und diese Person liebe« ist besonders traurig und folgenschwer für alle Beteiligten, weil so viel Ent-Täuschung eingeschlossen ist. Der Eindruck »Da will mich jemand beherrschen« entsteht bei zweifelhaften Ge- oder Verboten. Die Folge: Nichts als Verachtung für diese dummen Erwachsenen, die nicht einmal ahnen, dass ihre Regeln längst gebrochen sind ...

In solchen und vielen anderen Fällen spielen Großeltern eher eine Rolle am Rande. Wenn Ihre Enkelkinder Sie eines Tages bei Problemen ins Vertrauen ziehen oder in einem Konfliktfall ausdrücklich zum Schiedsrichter wählen, dann mag im ersten Augenblick die Sorge übergroß werden. Letztlich aber ist es ein Glück. Denn auch wenn es Ihnen als Eltern noch nicht so klar war, heute wissen Sie, wie Aggressionen möglicherweise zu überwinden sind: nicht durch Anbiedern und Geschenke, sondern durch geduldiges Hinhören und das Ablegen von Vorurteilen. Dann nämlich wird der verzweifelte Versuch überflüssig, sich durch Provokationen Be-Achtung erzwingen zu wollen.

21 Anstössige Gedanken und anspruchsvoller Verzicht

Vom Umweltschutz für kommende Generationen

Schon im Kindergarten lernt die Enkelgeneration: Ohne Wasser, Boden, Luft und Licht (samt Wärme) kein Leben auf der Welt. Um-Welt ist allerdings mehr als die Elemente. Darunter verstehen wir außer den von Menschen selbst geschaffenen Lebensbedingungen auch alle unsere Mit-Lebewesen. Umweltschutz muss global sein, darf nicht an Landesgrenzen enden, kann nicht Kontinente ausnehmen, wird überlebenswichtig.

Forscher und Praktiker, Großeltern und Jugendliche, Ärztinnen, Pädagogen und viele andere »Experten für Lebensfragen« sorgen sich um die Zukunft. So bedenkenlos, wie weiterhin im Namen von angeblicher Zivilisation, technischem Fortschritt, Wohlstand und rücksichtslosem Komfort für wenige die Erde geplündert, misshandelt und aus ihrem Gleichgewicht gebracht wird, so unweigerlich werden wir wohl selbst daran zugrunde gehen – oder auch »erst« unsere Urenkel.

Es existiert keine extremere Art der Kinderfeindlichkeit, doch Formen gibt es viele, zum Beispiel:

1. radioaktive Verseuchung, bereits ganz ohne katastrophalen GAU, einfach durch als »sicher« definierte Atomkraftanlagen und routinemäßige Verwaltungsakte als Ermächtigung zum bedenkenlosen »Weiter-so«
2. Giftbelastung durch Kunstdünger und Klärschlämme auf Weideflächen und Ackerböden, durch Chemikalien im Tierfutter – also auch in unserer Nahrungskette; unabsehbare Bedrohungen durch Krankheitsepidemien und Genmanipulationen bei Pflanzen und Tieren
3. verpestete Luft und saurer Regen nicht nur in den Industriezentren, sondern – dank hoher Schornsteine und der Winde – fast überall
4. Lärmschäden bei Säuglingen und alten Leuten, aber auch an Kulturdenkmälern – durch tieffliegende Militärmaschinen und zivilen Verkehr, durch leistungsstarke Industrie oder phonstarke Discomusik
5. unvorhersehbare »Un«wetter wie Wirbelstürme und Überschwemmungen – nicht mehr nur in jenen fernen, bedauernswert unterentwickelten Ländern des Südens, sondern mitten in Zentraleuropa – als Vorankündigung der Klimakatastrophe
6. ungenießbares Quellwasser, krankmachendes Rind-, Hühner- oder Schweinefleisch, Giftgasdämpfe aus Kindergarten-Wandverkleidungen ...

Das Grundübel besteht darin, dass allzuviele Spezialisten sich weigern, über Alternativen nachzudenken. Dass sie unfähig sind, das Ganze zu achten, ungeplante Wechselwirkungen und radikale Veränderungen mitzuverfolgen und stattdessen auf der eigenen, sehr beschränkten Perfektion beharren.

Die folgenschweren Auswirkungen lassen sich nicht verheimlichen. Umweltkrankheiten gibt es in »gesunder« Landluft wie in den Städten. Allergien schon bei kleinsten Kindern haben sprunghaft zugenommen, und es ist ihnen mit einzelnen Desensibilisierungen nicht beizukommen. Immunschwächen beginnen schon weit vor AIDS mit fehlenden Abwehrkräften gegen sozusagen »normale«, immer vorhandene Krankheitserreger wie zum Beispiel den Herpes-Virus.

Zeugungsunfähige junge Männer (eine bekannte US-Studie rechnete vor, es könnte mittlerweile nahezu jeder zweite sein), Frauen, die wieder und wieder Fehl- oder Totgeburten erleiden, immer mehr Kinder, die mit Missbildungen, Leukämie, Stoffwechselstörungen und anderen Krankheiten zur Welt kommen, Großeltern, die »unter extremen Luft-Situationen« (sprich: Sommer-Smog) urplötzlich an Herzinfarkt oder Kreislaufkollaps sterben – sie alle, überall auf der Welt, sind »Umweltopfer«, genauer gesagt: Opfer einer fehlenden oder jahrzehntelang falschen oder wegen massivster Widerstände noch immer nicht verwirklichten richtigen Umweltpolitik.

Die besondere Kinderfeindlichkeit dieser Art von Politik zeigt sich hierzulande nicht nur in vergifteten oder eingeschränkten Spiel- und Erfahrungsmöglichkeiten – wegen verseuchter Sandkästen, schadstoffbelasteter Innenräume und Gewässer, Tierhaar- oder Lebensmittelallergien, als Folge einer Verkehrspolitik, der es vor allem um die autogerechte Stadt geht, und aus vielen anderen Gründen.

Sie lässt sich auch an der Zunahme von früher eher ungewöhnlichen Kinderkrankheiten nachweisen. Kinderkrebs beispielsweise war vor einem Vierteljahrhundert so gut wie unbekannt, heute gilt er bei uns als die häufigste tödliche Krankheit in den ersten vierzehn Lebensjahren.

Oder Pseudo-Krupp, eine plötzliche Entzündung von Kehlkopf, Stimmbändern und Luftröhre mit Atemnot und drohendem Erstickungstod: Sicherlich hätte diese beängstigende Krankheit einen »eigenen« Namen (und würde nicht quasi als falsche Verwandte der fast verschwundenen, neuerdings aber wieder auftretenden lebensgefährlichen Diphterie geführt), wenn auch früher schon allein in der Bundesrepublik Deutschland jährlich schätzungsweise 10 000 Kleinkinder deshalb in Krankenhäusern hätten behandelt werden müssen. Das Auffallende: Pseudo-Krupp, Asthma, Bronchitis und andere Krankheiten der Atemwege sind in jenen Gegenden am stärksten verbreitet, wo der Wald an Schwefeldioxid und anderen Giften erstickt.

Schließlich die wohl schockierendste Todesursache in den ersten Lebensmonaten: SIDS (»sudden infant death syndrome«), der Plötzliche Säuglingstod. Ein Zusammenwirken zwischen Umweltgiften und Schadstoffen im Körper, wodurch die gerade sich stabilisierenden normalen Funktionen zum Stillstand gebracht und damit in einer Art Kettenreaktion der völlig unvorhersehbare Tod eigentlich gesunder Babys ausgelöst werden könnte, ist (noch?) nicht bewiesen.

Nach unterschiedlichen Studien sollten folgende Risikofaktoren in Betracht gezogen, also tunlichst vermieden werden:

1. sehr weiche Matratze
2. dickes Federbett und
3. Tabaksqualm

Auf zwei andere Risikofaktoren haben Sie als Großeltern höchstens indirekt Einfluß: Rauchen während der Schwangerschaft und Abstillen vor dem vierten Lebensmonat.

Wenn Sie sich besonders große Sorgen machen (etwa weil Sie für längere Zeit Ihr neugeborenes Enkelkind hüten und Ihnen die starke Luftverpestung an Ihrem Wohnort bekannt ist), können Sie über Gespräche mit Kinderärzten hinaus Informationen erhalten oder Mitglied werden bei der Gesellschaft zur Erforschung des Plötzlichen Säuglingstods (GEPS) e.V.

Andrea und Hermann, zwei Enkelkinder mit jahrelanger »Hüttendorf«- und »Castor«-Erfahrung (Wackersdorf, Wendland u.a.), formulieren unmissverständlich, nicht abwertend, sondern eher hoffnungsvoll, was sie an einer weit verbreiteten Haltung der älteren Generation so stört.
«Erstens: dass viel zu viele Großeltern sich nicht entschlossen genug gegen erkannte Fehlentwicklungen wehren, dass sie bei Wahlen ihre Stimme buchstäblich »abgeben« und danach die Politiker einfach machen lassen. Und zweitens: dass die meisten Großeltern noch nicht genug verantwortungsbewusste Phantasie haben oder nur sehr zögernd entwickeln, um tatsächlich jetzt sofort – endlich! – selbst etwas gegen die Vernichtung ihres und unseres Lebensraums zu tun: gegen gedankenlose Müllpolitik, gegen die Illusion von der sicheren, billigen, bequemen Atomenergie, gegen die Ursachen von umgekippten Gewässern, toten Wäldern, leblosen Landstrichen – für ein neues Bewusstsein von Lebensqualität!«

Alternativen sind nicht illusorisch, sondern durchaus praktikabel.

✓ Die Verstopfung durch Müll und luftverpestenden (Auto)Verkehr lässt sich lindern, z.B. durch qualitätsbewussteren, kritischeren Einkauf, mit neuen Verkehrskonzepten und der lange überfälligen Markteinführung der von Autodesignern längst entwickelten energiesparenden Fahrzeuge

✓ Die Verschwendung (von Trinkwasser, Energie und anderer Lebenskraft) lässt sich einschränken, z.B. durch Sparsamkeit und den Einsatz »intelligenter« Technik, etwa bei der Toilettenspülung, beim angemessenen Heizen oder beim Kochen mit Köpfchen

✓ Der Verfälschung von Lebensmitteln (im Garten wie auf dem Mittagstisch) kann man entgegenwirken, z.B. durch mehr Humuspflege und die zugegebenermaßen aufwendigere Suche nach sicher nicht billigen, aber naturbelassenen, preiswerten Produkten

✓ Selbst die Sachzwänge, die allüberall und jederzeit angeblich bestehen, lassen sich langfristig aus den Angeln heben, z.B. durch das Bemühen um eigene Sachkenntnis und die darauf beruhenden neuen Ansätze zum Lösen der Probleme, durch die Solidarität in Selbsthilfe- und Initiativgruppen

Überall fehlen noch viele »anstößige Gedanken« von Großeltern, die selbstkritisch erkannt haben: Wir selbst tragen zur derzeitigen und mehr noch zur künftigen Kinderfeindlichkeit in dieser Gesellschaft bei. Abhilfe gegen die generelle Bedrohung bieten letzten Endes nur zwei Strategien, nämlich die Suche nach Alternativen und der Verzicht auf das als schädlich Erkannte.

»Intelligente Askese« nennt das der Pädagogik-Professor Jürgen Zimmer – auch er durchaus im Großvateralter – in noch ganz anderen Zusammenhängen.
Verzicht kann Großeltern eigentlich nicht schwerfallen, etwa

1. auf Spraydosen, die das Ozonloch weiter vergrößern
2. auf Hormonfleisch und buntes Zuckerzeug
3. auf »sichere« Grenzwerte, die vor Schäden nicht schützen
4. auf Medikamente, die allzu oft neue Übel verursachen
5. auf Experten samt ihren Beschwichtigungsversuchen und Behauptungen, die sich als unzuverlässig oder irreführend erwiesen haben

Das Wichtigste aber ist wohl der Verzicht auf all die kritiklos übernommenen »Rollenmodelle«, jene festgefahrenen Mei-nungen, mit denen Großeltern (und Eltern) Jugendliche und Kinder an ihrer Entfaltung hindern: jene fixen Ideen, nach denen genau festgelegt ist, was ein männlicher oder ein weiblicher, was ein junger oder alter Mensch zu tun oder zu lassen, zu fühlen, zu denken, zu erstreben und zu träumen habe.

Das zumindest sollten wir allen Enkelkindern freistellen und dazu jedem einzelnen eine möglichst weite Palette der lebenswerten Möglichkeiten erschließen – samt lebendiger Vorbilder. Sehr viel mehr nämlich haben wir ihnen ohnehin nicht zu bieten jenseits von Umweltschäden und institutionalisierter Menschenmissachtung.

Miau!
Miau?
Wau!
Wuff?
Wow!

22 Magische Worte und eigene Bücher

Von der Verständigung durch Spaß an Sprache

Keine Frage: Für jedes Enkelkind gibt es sechs magische Worte, die weit über jedes »nein« hinaus sein Weltbild und sein Selbstwertgefühl prägen können. Sie als Großeltern müssen sich entscheiden: Wollen Sie diese magischen Worte als Einladung zu einem täglich neu beginnenden Abenteuer nutzen – oder wollen Sie jahrelang mehr oder weniger vergeblich um Ihre Ruhe ringen? Diese sechs Worte heißen (natürlich) wer? was? wie? wo? wann? (auch wenn es Kleinkindern schwer fällt, sich unter der darauf folgenden Antwort etwas vorzustellen!) und vor allem: warum?

Wer unbegrenzt Gelegenheit hat und immer neue Anlässe sieht, mit diesen Worten umzugehen, wer möglichst nie ungeduldig abgefertigt wird, sondern eine verständliche (das heißt: genau auf die Frage zielende, kurze, weder ausweichende noch überfrachtete) Antwort bekommt, hat die besten Voraussetzungen dafür, Intelligenz zu entwickeln.

Die ist nämlich in weit geringerem Maße »angeboren« und damit »Schicksal«, als lange Zeit angenommen. »Use it or lose it« heißt ein in den USA häufig zitiertes Motto, nicht so sehr drohend, als vielmehr ermutigend gemeint und annähernd zu übersetzen mit unserem »Wer rastet, der rostet«. Die entsprechende Haltung ist auf die Sprache ebenso anwendbar wie auf den Verstand.

Erleben lassen ist eine der wirksamsten Methoden zur Intelligenzförderung; Einschränkungen und Verbote ohne wohlbehaltene Begründung beeinträchtigen nachweislich den IQ. Einen Großvater kenne ich, der hat seine Lehrzeit als Vater nicht genutzt und meint noch immer, es sei erst dann der Mühe wert, ein Kind zur Kenntnis zu nehmen, wenn es in der Lage sei, sich »menschlich« auszudrücken.

Ich weiß immer noch nicht genau, was er unter »menschlich« versteht (meint er damit die wohlfeilen oder bewusst einseitigen Wahlkampfreden, schnatternden Dorfklatsch, oder die kernigen Sprüche vom Stammtisch? Wären es auch die Texte der Lieder, die Unterdrückte in aller Welt singen?) – aber ich weiß bestimmt, dass er irrt.

So wie Babys je nach Bedarf gestillt werden, sollen sie auch je nach Bedarf Sprechen lernen. Das beginnt – nach Weinen, Lächeln und Schreien – mit jener kleinen Folge von aufregenden Lauten zwischen »xss-xss«, »örrrö« und »mammam«, mit denen sie Kontakt zur sprechenden Bevölkerung aufnehmen. Manche Enkel setzen die ersten vollständigen Worte schon vor dem ersten Geburtstag ein, andere halten sich bis nach dem zweiten zurück und verblüffen die Verwandtschaft dann mit einem wahren Wortschwall.

Vom Erleben führt eine direkte Linie übers Erzählen zum Erfinden von Geschichten, zum Erforschen von Sachverhalten und zu neuen Erlebnissen. Nicht unbedingt äußert sich das Erlebte in sprachlicher Form, oft genug werden Kinder auch sehr schweigsam, malen und matschen, trommeln, toben oder verkriechen sich: Künstlerischer Ausdruck und Körpersprache.

Ein wunderbares Handwerkszeug in der Sprach- und Sprechwerkstatt meiner Lieblingstante war das Wunderknäuel. Nein, nicht das mit süßen Überraschungen für fleißige Häkelbuben oder Strickerinnen, sondern eines, aus dem die ganze Schar von Vettern und Cousinen gemeinsam eine Geschichte »entwickelte«.
Es funktioniert natürlich auch mit Freundinnen und Freunden!
Spannungsmoment und Trick dabei: Das Knäuel besteht aus lauter farbigen, ganz unterschiedlich langen Wollfäden; jedes Kind darf – oder muss – so lange an der Geschichte weitererzählen, bis sein Stück Garn vom einen auf das andere Knäuel gewickelt ist. Da verraten sich die Temperamente, die Unterschiede zwischen phantasievollen Langsamwicklern und schnellwickelnden Langsamsprechern, da kommen auch ganz neue Eigenschaften und Talente zum Vorschein. Höhepunkt folgt auf Höhepunkt, niemand kann »den Faden verlieren«. Und jedesmal liefert das Wunderknäuel eine neue, nie wiederholbare, ganz einzigartige Geschichte.

Babysprache ist nicht der Weg, über den Großeltern Zugang zu ihren Enkeln suchen sollten – falsche Kindertümelei macht das Sprechen und Verstehen keineswegs einfacher, »Au-to« sagt sich sogar leichter als »tüt-tüt«. Schließlich wissen Kinder ja, wie es richtig klingen muss und wollen das auch immer wieder hören – ohne belehrenden Unterton.

Das schließt andererseits nicht aus, dass sich in vielen Familien spezielle Begriffe oder Redewendungen einbürgern, die irgendwann einmal von einem Kind geprägt wurden und ganz besonders treffend sind, wie etwa »unser Staubsauber«.

Alle Kinder lernen unter normalen Umständen ihre Muttersprache. Einfach so und ganz egal, als wie »schwer« sie gilt. Sie lernen außer den Worten auch Sprachmelodie und Satzbau, sie entdecken immer neue Lieblingswörter, später haben sie Spaß an Wortspielen und nehmen es sehr genau mit dem Gesagten oder Versprochenen, sobald sie die Bedeutung erkannt haben. (Deshalb ist ihnen auch das » ...bald ...« oder »jetzt-dann-gleich« der Erwachsenen so verdächtig bis verhaßt).

Kinder, die zweisprachig aufwachsen, sind auch damit in der Regel nicht überfordert, vorausgesetzt, sie können mit der jeweiligen Sprache eine bestimmte Person, eine immer wiederkehrende Situation verbinden, oder sich anderweitig orientieren. Meist dauert es etwas länger, bis sie sich in beiden Sprachen »flüssig« ausdrücken, aber bei weitem nicht doppelt so lang.

Entscheidend für das Sprechenlernen ist die Ansprache. Immer mehr Kinder hören zu Hause kaum noch etwas anderes als »Lass mich in Ruh!«, »Gibt's bald Essen?« und »Ich bin sauer!«. Den Mund halten müssen, weil der Fernseher läuft, nicht fragen dürfen, weil die Erwachsenen im Stress sind, ins Bett geschickt werden, ohne dass über die Erlebnisse des Tages noch einmal in Ruhe geredet wird – all das macht nicht nur sprachlos, das macht mutlos und lustlos aufs Leben.

In solchen Familien werden Großvater oder Großmutter mit ihrer Bereitschaft zum Zuhören und gelegentlichen vorsichtigen Fragen geradezu lebenswichtig für ihre Enkel.

Kinderreime mit Fingerspielen, Kinderlieder mit Ringelreihen, Geschichtenerzählen mit Gesten und Mimik sind ein wichtiges Bildungselement und keineswegs verächtlich als »Babykram« abzutun: Der Rhythmus der Sprache, die lebendige Stimme und die auch beim neunundneunzigsten Mal zuverlässige Wiederholung (oder sofort angemahnte Korrektur) einer Geschichte sind wichtige Bausteine, um sich den Inhalt einzuprägen. Erst später entwickelt sich der Spaß an Variationen mit den vertrauten Sätzen. Vorgelesene Märchen, gemeinsam erfundene Geschichten, Erzählungen der Großeltern von Kindern und ihren Lebensbedingungen in anderen Ländern oder von »damals, als ich ein Kind war wie du jetzt«, sind einfach ideal – haushoch überlegen jeder gekauften Audiocassette oder kommerziellen Video-Aufnahme (von den gemeinsam selbst produzierten Ton- und Bilddokumenten war bereits früher die Rede).

»Weißt Du, was mich am Großmutter-Sein am meisten überrascht hat?« fragte mich Helga vor kurzem: »Wieviel Spaß es mir macht, so richtig dramatisch vorzulesen – und dass ich das plötzlich kann! Ich kenn' mich gar nicht wieder ...«

Großvater kann man ausfragen, Großmutter ist oft die einzige, die noch den Überblick über ein Stück Familien-Geschichte hat. Wie und woher sonst sollen Kinder ihre Wurzeln kennenlernen? Hier kommt auch noch einmal die »Enkel-Chronik« ins Spiel, die mit ungezählten Möglichkeiten zum Sprechen, Erinnern und Weiterführen anregt.

Über jede noch so sinnvolle Informationsbeschaffung hinaus ist Sprache ein Handwerkszeug. Je geschickter Ihre Enkelkinder damit umgehen können, desto leichter finden sie den Weg von der Verständigung über Verständnis zur Vermittlung (auch zwischen Gegensätzen und in Konfliktsituationen).

Bilderbücher und Großeltern gehören zusammen. Gerade, wenn nicht ein einziges Wort darin steht, sind sie wichtig für die Sprache: Jedes Enkelkind findet beim Betrachten seine eigenen Worte und schließt daran oft höchst überraschende Gedankenverbindungen an.

Wenn es sogar ein selbstgemachtes Bilderbuch ist (aus Illustriertenfotos zu einem bestimmten Thema geklebt, von den Großeltern eigenhändig gezeichnet, aus Stoffresten kunstvoll genäht und gestickt oder, später, aus den Bildern des Kindes unter seiner Regie zusammengestellt oder – noch später – am Computer gemeinsam produziert), dann weckt es natürlich besonders gute Gefühle. Außerdem fördert es genau das, was beim Sprechenlernen von Kindern das wichtigste Lernergebnis für die Erwachsenen ist: Zuhören können und ausreden lassen!

Aus einzelnen Ein- oder Zwei-Wort-Mitteilungen wird allmählich ein Gespräch, und daraus entwickeln sich hoffentlich neue, mitteilenswerte Gedanken. Gedanken, die dem Weltbild und dem Selbstverständnis Ihrer Enkel mit Sicherheit zugute kommen.

23 Abhärten, Standhalten und Ausser-sich-Geraten

Vom Zusammenhang zwischen Widerstandskraft und Sensibilität

Abhärten! Das klingt brutal nach Schock und Abstumpfen – und dann hat es rein gar nichts mit dem zu tun, was auch Ihre Enkelkinder brauchen, um es in unserer Welt aushalten zu können. Abhärten in diesem Zusammenhang ist eher so etwas wie das Bilden einer Rinde: Sie soll die innerste Lebenskraft schützen, damit ein Wachsen überhaupt möglich bleibt.

Das notwendige, sinnvolle, vorsichtige »Abhärten« kleiner Kinder bezieht sich daher zunächst auf ihre Haut und auf die Fähigkeit, bedrohlichen, krankmachenden Einflüssen von außen körperliche Widerstandskraft entgegenzusetzen. Alles, was frühere Zuchtmeister unter »Abhärtung« verstanden – also bis zur Erschöpfung schreien lassen, Angst und Schwäche lächerlich machen, Gefühle unterdrücken, auf dass der (vor allem männliche) Mensch dann unerbittlich und ohne weiteres Nachdenken bereit ist, seine »Pflicht« zu tun – all das hat schlimme seelische und politische Folgen gehabt. Davon soll hier ganz und gar nicht die Rede sein.

Richtig verstandenes Abhärten hat nicht einmal unbedingt etwas mit körperlichen Strapazen zu tun. Das sind auch wohldosierte Salzwasserabreibungen gegen drohende Erkältungen; dazu gehört auch das Kauen von Vollkornbrot. Babyhaut beispielsweise wird durch zweckmäßige, aufmerksame, liebevolle Hautpflege gegen Nässe, Kälte, Sonne und andere Angreifer geschützt. Diese Form von Abhärten stärkt Reaktionsfähigkeit und Abwehrbereitschaft.

Abhärtung besteht nun nicht etwa darin, Babys frieren zu lassen. Im Gegenteil: Wärmereize wirken bei kleinen Kindern besonders kräftigend; unkontrollierte Kälte schwächt und macht krank. Die zweite Haut jedes Menschen ist seine Kleidung. Deshalb sollte auch sie fähig sein zu »atmen«, also vor allem Luft durchzulassen und Feuchtigkeit abzugeben.

Noch immer hat es sich nicht überall herumgesprochen: Am besten warm hält nicht der dicke Pulli! Weit überlegen sind mehrere Kleidungsschichten aus Seide, Wolle, Baumwolle und/oder »atmungsfähigen« Kunstfasern übereinander, denn die Luft zwischen diesen Schichten sorgt für die richtige ausgeglichene Temperatur. Außerdem lässt sich mit dem »Zwiebellook« viel angemessener auf Temperaturschwankungen reagieren, nämlich durch Entfernen oder Hinzufügen einer weiteren »Haut«.

Übrigens: Die heißgeliebten und sehr empfohlenen Wollhemdchen für Enkel aller Altersklassen zauberte die Oma unserer Kinder aus möglichst feinfädiger, abgelegter Skifahrerunterwäsche.

Frische Luft an sich ist alles andere als gesundheitsschädlich, nur Zugluft darf es nicht sein. Vielleicht ist das auch Ihre Grundüberzeugung. Dann vergessen Sie aber bitte den nächsten Grundsatz nicht: Neugeborene Enkelkinder müssen nicht »an der frischen Luft« durch den Stadtverkehr bewegt werden, ihnen bekommt das Stehen auf dem Balkon oder am Fenster zum Hof im Zweifelsfall besser.

Es wird kleinen Kindern auch keineswegs wärmer, wenn sie, fest auf den Schlitten gepackt, im Laufschritt durch den winterlichen Park gezogen werden. Ins Schwitzen kommt da allenfalls der Großpapa.

Sobald Kinder sich selbst bewegen, sollten sie das möglichst oft draußen dürfen. Sonnenlicht und Wärme (aber nicht die pralle Sonneneinstrahlung) sind, neben gesunder Ernährung und ärztlicher Kontrolle, die beste Vorbeugung gegen Rachitis. Temperaturwechsel regen den Organismus an, und spielende Kinder frieren nachweislich entschieden später als die zuschauenden Erwachsenen.

Das Spielen draußen stärkt darüber hinaus auch noch ganz andere Kräfte, nämlich die, sich mit anderen Kindern auseinanderzusetzen, ihre Ansprüche auszuhalten, ihre Zumutungen abzuwehren, später im Idealfall gemeinsam zu handeln und im Notfall den erforderlichen Widerstand zu entwickeln.

Dass auch die Ernährung sehr wesentlich zum Stärken der Widerstandskräfte gegen Krankheiten und andere schädliche Umwelteinflüsse beiträgt, ist eigentlich klar. Angefangen bei der Muttermilch mit ihren Schutzstoffen für die ersten Lebenswochen, bis hin zum Vitamin-C-Gehalt von frischen Paprika oder Pellkartoffeln. Oft sind heimische Früchte und Gemüse den exotischen an Vitalstoffen überlegen, grundsätzlich ist es wichtig, auf Ausgewogenheit zu achten.

»Der Mensch ist, was er ißt« heißt es nicht zu Unrecht. Und damit sind nun endgültig die »inneren Widerstandskräfte« angesprochen. Es geht nicht nur ums Auflehnen und Sich-Wehren-Können, wenn etwas unerträglich wird. Es geht auch darum, neuen Belastungen standzuhalten und eine gewisse Stärke zu entwickeln, um Spannungen auszuhalten, die nun einmal vorhanden sind. Ausgewogenheit, Gleichgewicht, Harmonie – danach sehnen sich im Grunde alle Menschen.

Weil ein Kind aber mit so vielen Widrigkeiten fertig werden muss, so viele unerwartete Hindernisse zu überwinden hat, weil es den Widerspruch zwischen wollen und können, zwischen guter Absicht und unbeabsichtigten negativen Folgen, zwischen »ich« und »die andern« nur schwer verkraftet und erst allmählich lernt zu überbrücken, darum ist die Zeit mit Enkeln zwischen ihrem zweiten und dritten Geburtstag so besonders turbulent, verwirrend und anstrengend – wahrhaftig nicht nur für die Erwachsenen!

Woher soll so ein kleiner Mensch wissen, was er will, wenn er keine Erfahrung hat – oder wenn die verlangte Entscheidung zwischen zwei wunderbaren Angeboten eine einzige Katastrophe ist?

Im Weinen und Wüten, im Lachen und im Ganz-Stillwerden wächst die Kraft auch Ihrer Enkel, es mit der Welt überhaupt aufzunehmen. Dieses Wachsen dauert viele Jahre, und sie brauchen dabei behutsame Begleiter. Keine einäugige Kritik oder Affenliebe, keine Abwiegler, keine moralisierenden Alleskönner, sondern immer wieder jemand, der versucht zu verstehen und warten kann, der Zeit hat und ein Stück mitgeht.

Wenn Großeltern von den Ergebnissen psychologischer Tests hören, die ihre Enkel im Vorschulalter mit Vergnügen über sich haben ergehen lassen, dann sind sie oft sehr erschrocken, in welchem Ausmaß da Ängste und rücksichtslos »Böses«, Ungerechtigkeit und Zärtlichkeit nebeneinander zum Ausdruck kommen. Das ist genau wie in den Märchen von bösen Feen, Zauberern oder Menschenfressern, genau wie mit den Figuren aus den schauerlichen Fernseh-Cartoons: Kinder nutzen diese Möglichkeit zum Ausdruck, um die schier übermächtigen Eindrücke ihres Alltags zu bewältigen. Die ästhetischen Ansprüche ihrer Großeltern sind ihnen dabei herzlich egal.

Kinderpsychologen der unterschiedlichen Schulen streiten noch immer über die Meßbarkeit der schädlichen Folgen kindlichen Fernsehkonsums und über die zu fordernden Konsequenzen für die Medienpolitik. Doch in einem Punkt herrscht relative Einigkeit: Gefährdet in höchstem Maße sind genau jene Kinder, die bei ihren Eltern und Großeltern keinen Rückhalt, keine Maßstäbe, keine ausgleichenden Gespräche, kein kontrastierendes »Komm mit, wir machen was gemeinsam!« erwarten können – und die sich genau deshalb auf geradezu verhängnisvolle Weise an dem orientieren, was ihnen das Durchschnittsfernsehprogramm an dubiosen Ansichten und Gefühlen, Vorbildern und Verhaltensweisen bietet.

An den anderen, den emotional und mit konkurrierenden »lebendigen« Angeboten gut versorgten Kindern perlen die Horrorbilder eher ab. Wenn Sie es schaffen, Ihre Enkel in dieser ganz besonderen Weise widerstandsfähig zu machen, werden Sie erleben, dass einerseits die »Droge Fernsehen« (genau wie andere Drogen) deutlich an Attraktivität einbüßt und dass andererseits die Kinder durchaus eigene Maßstäbe finden und anlegen. Sie fühlen sich in aller Regel durch das Gesehene in ihrer Ablehnung von Gewalt (oder eben von Alkohol, Medikamenten, Haschisch und anderem »Stoff« als ach so bequemen Problemlösern) nur bestärkt. Sogar, wenn ihnen in der näheren Umgebung die schlechten Beispiele täglich über den Weg laufen!

Medienpädagoginnen und Vorschulerzieher stellen seit vielen Jahren immer wieder ähnliche Forderungen an die Familien.

Wenn Sie es sich richtig vornehmen, können Sie als zeitlich weniger gehetzte Großeltern diesen Ratschlägen zur Stärkung von Widerstandskräften gegen den »Medienterror« ganz gut folgen:

- ✓ Kinder möglichst nicht allein fernsehen lassen
- ✓ gemeinsam das »Wochenprogramm« zusammenstellen
- ✓ über das Gesehene sprechen, schwierige Zusammenhänge nacherzählen lassen und im Idealfall weitere Ideen dazu gemeinsam entwickeln
- ✓ die Wahrnehmungsfähigkeit stärken, damit sich Fiktion und Realität nicht vermengen
- ✓ beängstigende Szenen nachspielen, gemeinsam nach anderen Lösungen suchen und die jeweiligen Folgen besprechen
- ✓ vor allem jedoch: lebendigen Ausgleich, aktive Alternativen anbieten

Da bleibt das Beispiel unserer österreichischen Freunde mit sieben Kindern unübertroffen (wenn es auch, zugegeben, nicht generell übertragbar ist, weil es sich nicht nur im vorigen Jahrhundert, sondern noch dazu auf dem Land bewährt hat):
Auf die Frage des Vaters: »Was wollt Ihr, einen Fernseher oder einen Pony?« entschieden sich die sieben sofort einmütig für »den Pony«. Ein Fernseher stand schließlich bei den Nachbarn! Zum Fernsehen allerdings hatten sie fortan viel weniger Lust und kaum je Zeit.

Sensibel sind nicht unbedingt die Kinder, die schweigend, schüchtern, unauffällig in einer Ecke spielen; sensibel sind auf jeden Fall diejenigen, die besonders empfindsam und genau wahrnehmen, was um sie herum vorgeht. Gerade sie können deshalb auch sehr heftige Gefühle entwickeln und müssen sie – in welcher Form auch immer – zum Ausdruck bringen, weil sie nicht daran ersticken wollen.

Aufgabe der Erwachsenen ist es, die Ursachen zu erkennen und sich um Problemlösungen zu bemühen. Sie sollten sich nicht Ihrer »ungezogenen« Enkel schämen, wenn die sich laut weinend auf dem Boden wälzen – sie können noch, was Erwachsene erst wieder lernen müssen: »sich entlasten«. Es sollte Sie viel mehr beunruhigen, wenn ein Enkelkind geradezu unsichtbar wird, sich immer weiter zurückzieht, wenn es nicht mehr »außer sich« geraten kann, um anschließend wieder ganz unbeschwert und mit sich im Reinen weiterzuspielen.

Manchmal besteht Gefahr, so einen klärenden Gefühlsausbruch zu verwechseln mit dem eher »erpresserischen Theater«, das kleine Kinder gelegentlich perfekt beherrschen. Die Erfahrung hat sie gelehrt, dass sie bei eher unachtsamen Erwachsenen, die dazu meist selbst nicht recht wissen, was sie wollen, auf diese Weise am allerleichtesten zum Ziel kommen. Aber nicht bei Ihnen, oder?

Trost für weinende oder wütende Kinder besteht weniger in vielen Worten, als vielmehr in der unausgesprochen vermittelten Gewißheit, dass sie wichtig sind, dass sie immer geliebt werden und dass ein gemeinsamer Weg gesucht werden kann, um mit Enttäuschungen fertig zu werden. Erst aus diesem Gefühl heraus können sie auch selbst Mitgefühl entwickeln, andere Menschen, ihre Gefühle und Schwierigkeiten wichtig nehmen, Freunde gewinnen, nein sagen und ein Nein akzeptieren.

Diese Zuversicht, das Ur- und Selbstvertrauen, ist der wichtigste Grund für die zutiefst menschliche Fähigkeit, zu widerstehen. Die Fähigkeit, sich verantwortungsbewusst für das als richtig Erkannte zu entscheiden, dem verhängnisvollen Herdentrieb, Verlockungen und Widrigkeiten aller Art standzuhalten.

24
Xylophon und Phantasie

Von der Suche nach Harmonie und Nahrung für die Seele

Der Phantasie geht es ein wenig wie den Kindern in der technikgläubigen, konsumorientierten Wohlstandswelt hierzulande: Beide werden nicht recht für voll genommen. Beide können und wollen nichts beweisen, sind ohne Einfluß auf das Weltgeschehen, werden bloß berücksichtigt, wenn das neuen Umsatz verspricht – und doch verändern sie, wenn es darauf ankommt, einfach alles.

Die Phantasie ist im Gegensatz zu ihrer wesentlich geschäftstüchtigeren Schwester der mittlerweile im ökonomischen Konkurrenzkampf hochgeschätzten Kreativität, zweckfrei, sich selbst genug, nicht von vornherein auf ein Ziel gerichtet. In diesem Sinne sind kleine Kinder voller Phantasie.

Man kann sie ihnen natürlich abgewöhnen: Etwa mit der wiederholten Aufforderung, doch endlich »richtig« zu spielen, »richtig« zu singen, oder mit der penetranten und anfangs überhaupt nicht zu beantwortenden Frage: »Was hast du denn da Schönes gemalt?« – aber auch mit der Zumutung, »sofort« zum Essen zu kommen und erst »morgen« (was für ein kleines Kind fast so viel wie »nie« heißt) wieder im Sand zu spielen.

Wenn Ihre Enkel mit dem dicken weichen Stift oder der ganzen Hand voll Farbe einen großen Tapetenrest bearbeiten, ein Gefährt auf lockerem Boden hinter sich herziehen, in der großen Wanne Wellen schlagen, Sand durch die Finger rieseln lassen oder das vom Opa eben im Garten zusammengerechte Laub jubelnd wieder verteilen, dann sind sie fasziniert davon, dass sie »Eindruck machen« und etwas verändern können.

Kleine Kinder benutzen nicht unbedingt die Sprache, um auszudrücken, was sie empfinden oder was sie belastet, wenn sie etwas mitteilen wollen oder loswerden müssen. Bewegungen sind ihnen noch selbstverständlicher. Durch sanfte, wiegende rhythmische Bewegungen lassen sie sich am leichtesten beruhigen. Darum schaukeln sie so gern, darum bewegen sie sich auch so spontan im Rhythmus von Musik.

Gemeinsames Singen, Tanzen in der Gruppe und Reigenspiele machen ihnen auch deshalb so viel Spaß, weil sie, ganz wie erwachsene Menschen, darüber Beziehung zu anderen anknüpfen, sich aufeinander einspielen – übereinstimmen – in Einklang kommen. Merken Sie was? Das sind lauter Umschreibungen für »Harmonie«. Und Harmonie macht Kinder glücklich, auch wenn sie bekanntlich nur von kurzer Dauer ist.

In den USA wurde schon vor Jahrzehnten in wissenschaftlich Untersuchungen nachgewiesen, dass Babys, die aus Krankheitsgründen völlig still in ihren Bettchen liegen mussten oder aus anderen Grüdnen weniger getragen, be»hand«elt und bewegt wurden als die Kinder in Vergleichsgruppen, sehr deutlich feststellbare Entwicklungsrückstände hatten. Bewegung (natürlich in der jeweils angemessenen Intensität und Dauer) regt alle Sinne an – Anregungen machen neugierig – Neugier macht klüger und erfinderisch. So einfach also kann ein »Intelligenz- und Kreativitätstraining« sein.

Wenn Ihre Enkel unter unglaublichem Einsatz mit einem alten Holzlöffel auf einen alten Kochtopf eintrommelt, dann nicht, weil sie der Nachbarschaft den letzten Nerv rauben wollen, sondern weil sie dem Gesetz von Ursache und Wirkung auf der Spur sind. Auch das Gesetz der Schwerkraft ließ sich ja vor einiger Zeit nicht anders als durch hartnäckiges Fallenlassen von Gegenständen erforschen.

Faszinierende Klangkörper finden Kinder nahezu überall. Und unweigerlich schärfen auch Sie wieder Ihren Blick dafür: ein Gitterzaun, an dem man mit dem Stock entlangstreicht; ein Metall- oder Papperohr, das sich als »Flüstertüte« einsetzen lässt; ein quietschendes Kinderwagenrad; die Fahrradklingel natürlich sowieso; das schöne Besteck auf dem Teller – die ganze Welt ist ein Klangkörper!

Annemarie hat nicht nur ihren eigenen Kindern und Enkeln, sondern ungezählten anderen Menschen einen Weg in die Welt der Rhythmen und Melodien eröffnet. Als Klavierlehrerin und Tochter eines »Tonmeisters« (so steht es als Berufsbezeichnung auf seinem Grabstein) kann sie jederzeit begründen und bestätigen, was andere Großeltern ebenfalls beobachten und erleben: »Sobald die ersten »richtigen« Musikinstrumente ins Spiel kommen, Wasser- und Weidenpfeifchen oder ein Xylophon, entwickeln sich irgendwann auch Regeln, die – bei aller Spontaneität – beachtet werden wollen. Der gewünschte Ton entsteht eben nur, wenn man etwas Bestimmtes tut!
Weil Kinder ein fabelhaftes Gedächtnis haben, gern etwas lernen und gern zeigen, was sie alles können, empfinden sie es nicht als Zwang, sich den Regeln entsprechend zu verhalten. Wenn es aber Regeln sind, die sie nicht selbst entdecken durften, die sie nicht einsehen können und die deshalb auch keinen Spaß machen, Regeln, die nicht bewirken, was die Kinder

sich vorgestellt haben, dann kann Musikmachen zur Qual werden.«

Von diesen ersten Regeln bis zum Wiener Walzer oder den Gesetzmäßigkeiten der Harmonielehre ist es noch ein weiter Weg, den bei weitem nicht alle frühen Trommler gehen. Aber dass Musik und Rhythmen, gesummte Töne und vertraute Lieder auch »Nahrung« für die Phantasie und damit für die Seele jedes Kindes sind, werden Sie sicher nicht bestreiten.

Großeltern haben es immer gewußt: Im Märchen bleibt Raum genug für Kinder, eigene Erfahrungen wiederzufinden; die kindlichen Gefühle können sich in einem zuverlässigen Rahmen von Gut und Böse »abreagieren«. In den grausamen Ereignissen des Märchens, die schließlich im »Ende gut, alles gut« gipfeln, lassen sich die Ängste Ihrer Enkel im »magischen Alter« zwischen drei und vier (also auch das selbst Erlebte, das Aufgeschnappte, das unausgesprochen Bedrohliche an jedem Tag) bewältigen.

Bei den modernen Szenarios in fernen Galaxien geht es sehr plakativ auch um Gut und Böse, jedoch nicht um das gemeinsame Überwinden von Ohnmachtsgefühlen. Es geht vor allem um das Ausüben von Macht, natürlich durch einen strahlend-blonden Siegertypen. Es geht überhaupt nicht um Gefühle, sondern um »action«. Phantasie in ihrer leichten, spontanen Form hat da kaum noch Chancen.

Eine verblüffende Beobachtung kann von Generation zu Generation neu gemacht werden und zeigt sich besonders häufig bei den Teilnehmerinnen und Teilnehmern am Wettbewerb »Jugend forscht«: Gerade die herausragend Erfolgreichen, die sich schon als Vorschulkinder für technisch-naturwissenschaftliches Spielzeug begeistert haben, die stundenlang mit Computerspezialitäten experimentieren, rund um Reagenzgläser und Versuchsanordnungen in komplexen Installationen tüfteln, sind nicht etwa einseitig hochbegabt, sondern auffallend vielseitig interessiert und oft zugleich sehr musikalisch. Gerade der Bereitschaft und Fähigkeit, die eigene Phantasie in gewisse Gesetzmäßigkeiten einzuordnen, entspricht möglicherweise die Fähigkeit, in den logischen Zusammenhängen und vernetzten Abhängigkeiten Spielraum zu entdecken für eigene Erfindungen – Phantasie und Kreativität in zweierlei Gestalt.

Die dritte, allerdings total verfälschte Form von »Phantasie« wird mit aller Medienmacht und unglaublichem Werbeaufwand den etwas älteren Kindern mundgerecht serviert. Barbie und ihre Verwandtschaft, die intergalaktischen Helden in ganz speziell gestylten Lebenswelten samt ihren vielgestaltigen Widersachern üben eine starke Faszination aus. Aber mit Barbie lässt sich's nicht spielen wie mit einer Knuddelpuppe. Barbie braucht ihre eigene genormte Welt, haargenau wie im Prospekt. Und die Weltraummonster sind nur sehr bedingt mit den »Bösen« aus den Märchenwelten zu vergleichen. Denn was sie erleben, das ist – in atemberaubender Vielschichtigkeit – bereits präzise im multimedial aufbereiteten Programm festgelegt.

Machen Sie sich nichts vor: Sie werden es nicht verhindern, dass spätestens in der Vorschulgruppe auch Ihre Enkelkinder mitreden und mithalten wollen, wenn es um die klassischen und höchst aktuellen Abenteuer all dieser und immer wieder neuer Figuren geht. Und machen Sie sich deshalb vor allem keine Vorwürfe! Solange im Leben Ihrer Enkel Regenwürmer und Windräder, der Alltag von Gleichaltrigen in China oder Zentralamerika, eine Radltour, der Spaß am Plätzchenbacken, das geplante Baumhaus oder Nachbars kranker Hund eine gewisse Rolle spielen, ist alles in Ordnung. Mit Super-Mario oder den Power-Rangers, egoshootern und japanischen Manga-Comicsfiguren, Dragonball-Kampfmaschinen, Lara Croft und all den anderen Fantasy-Gestalten können Sie es allemal aufnehmen!

25 Körperbewusstsein und Gleichgewichtssinn

Vom Sich-Finden und der kindlichen Sexualität

Alle Kinder lieben Bewegung: Wiegen und Schaukeln, Wippen und Strampeln, Tanzen, Balancieren, Klettern und Verstecken, »Fliegen«, Krabbeln, Wegrennen, Verfolgen und noch viel mehr. Dabei entwickeln sich nicht nur Muskeln und Gewebe, sondern neben dem körperlichen Gleichgewichtssinn vor allem auch das seelische Gleichgewicht. Außerdem ersetzen koordinierte und gezielte Bewegungen die allmählich schwindenden Reflexe; dazu kommen Ausdauer und Phantasie, Konfliktfähigkeit, Körperbeherrschung und Selbstvertrauen. Wo Kinder all das nicht erleben, nicht kennen lernen und üben dürfen, weil es in den Augen der Erwachsenen lästig, laut, schmutzig oder gefährlich ist, werden Kinder krank und dumm.

Der Weg zur Gesundheit, also zur harmonischen Verbindung von Körper, Geist und Seele, lässt sich mit dem einen Wort Yoga ausdrücken. Yoga (aus dem Sanskrit, der altindischen Sprache) ist die Bezeichnung für eine uralte Heil- und Lebensweise, die sehr bewusst auf Atmung und Bewegungsübungen aufbaut. In einem achtstufigen System führt Yoga letztlich dazu, dass sich der Mensch in seiner Ganzheit erlebt, als heil – nicht als perfekt.

Adelheid, eine gute Freundin und Kollegin, ist Yogalehrerin (Luna-Yoga) seit einem Vierteljahrhundert. Sie arbeitet viel mit Frauen jeden Alters. Und mit Kindern – unter anderem sieben Jahre lang mit ganz unterschiedlich begabten Kindern in einer Montessorischule: »Indem nichts ausgegrenzt wird, erweitert sich das Spektrum der Normalität«, sagt sie. »Auch im Yoga sollen wir frei werden von Wertungen und uns in unserer ganzen Fülle entfalten, uns annehmen wie wir sind, an unseren Schwächen arbeiten, um sie zu Stärken zu wandeln.«

Ebenfalls aus Indien kam vor einiger Zeit das Wissen und die Kunst der Babymassage zu uns – als sinn- und liebevolle Fortsetzung von bewusster Schwangerschaft und sanfter Geburt. Mindestens ebenso wichtig wie die richtigen, auch von Großeltern leicht zu lernenden Griffe sind dabei Ruhe und Entspanntheit: eine erwünschte Wechselwirkung bei Babys und Erwachsenen gleichermaßen.

Dass Babys schwimmen können, lang bevor sie sitzen oder gar gehen, ist bekannt und macht vor allem Großvätern Spaß. Voraussetzung ist einerseits eine Wassertemperatur von 33 Grad, andererseits der richtige Zeitpunkt: Ihr Enkelkind muss den Kopf schon aus eigener Kraft längere Zeit hochhalten können, darf aber noch nicht jenen Schließreflex für Nase, Ohren und Mund verloren haben, der verhindert, dass es Wasser schluckt, wenn der Kopf untertaucht. Später dann sind erst die Zweijährigen wieder ideale Schwimmschüler – erfahrungsgemäß lernen sie es doppelt so schnell wie Achtjährige!

Großeltern, die ihren Enkeln diesen »Sport« ermöglichen (in privaten Schwimmschulen oder bei der DLRG), können sich zwar auch dann nicht völlig unbesorgt mit ihnen in die Nähe von Gewässern wagen, wissen aber, dass sie auf jeden Fall für die »Haltung« dieser Kinder etwas Gutes tun – und werden gemeinsam unglaublich viel Spaß im nassen Element haben.

Spaß ist ohnehin das Wichtigste bei jeder Sportart, die gemeinsam betrieben wird, seien es nun Bergwanderungen oder Radtouren, Skirennen oder Yogaübungen. Eigentlich lässt sich im voraus nie abschätzen, wie rasch die verschiedenen Etappen vergehen: vom Dabeisein (auf Opas Rücken oder Großmamas Radl) über das Mitmachen (auf Piste oder Trimmpfad) bis zum Übertrumpfen (beim Wettkampf wie beim Gipfelsturm).

Gesundheitsschäden allerdings werden durch Sport nicht nur verhindert oder kuriert, sondern gelegentlich auch verursacht – bei allzu viel Einseitigkeit, unzweckmäßiger Ausrüstung oder übermäßigem Ehrgeiz der Erwachsenen nämlich!

Nichts beruhigt ein trostbedürftiges oder weinendes Kind so sehr, wie die körperliche Nähe eines liebevollen Menschen. Das beginnt beim ersten Stillen direkt nach der Geburt und setzt sich fort beim Mutter-und-Kind-Zimmer in der Klinik (Nachfrage durch die Eltern erhöht das Angebot). Es wirkt natürlich auch, wenn das Kind geborgen in Omas oder Opas Arm oder auf der warmen nackten Brust des Vaters liegt. Hautkontakt ist so wichtig wie Blickkontakt, damit Urvertrauen sich entwickelt.

Wissenschaftliche Beobachtungen über viele Jahre haben gezeigt, dass Babys, die anfangs häufig im Tragetuch mitgenommen wurden und viel Körperkontakt hatten, nicht etwa besonders abhängig wurden und in jeder Hinsicht »klammerten«, sondern als Kleinkinder auffallend selbstständig und zufrieden auch entfernt von den vertrauten Erwachsenen spielten.

Es ist das alte Geheimnis: Wer zum richtigen Zeitpunkt genug von dem bekommt, was er gerade braucht, kann später großzügig davon abgeben oder sogar darauf verzichten.

Schmusen, zärtlich und sich nahe sein, miteinander vertraut werden und sich selber finden – das liegt für etwas größere Kinder auch ganz dicht beim Toben und Rangeln, beim mehr oder weniger angriffslustigen Spiel. Dieses geschmeidige und geschickte Raufen und Kräftemessen hat nichts mit Bösartigkeit zu tun – erst wenn überängstliche Großeltern sich einmischen, kann es Probleme geben. Dass ein Erwachsener aus sicherer Entfernung die Lage »im Blick« haben sollte, versteht sich von selbst, um Unfälle und unvorhergesehene Entwicklungen zu vermeiden.

Körperkontakte haben selbstverständlich auch mit kindlicher Sexualität und Körper-Bewusstsein zu tun. Nicht, dass Kinder dadurch auf »unanständige« Gedanken kämen oder »unzüchtige« Handlungen vollzögen – im Gegenteil: wenn sie ihren Körper ungezwungen und wohlig erleben, entdecken sie, ihrer Entwicklung entsprechend, biologische oder individuelle Sachverhalte an sich selbst und bei anderen. Dabei hat niemand das Gefühl, »peinliche« Fragen beantworten zu müssen, weil es sich beim menschlichen Körper nun einmal um die natürlichste Sache der Welt handelt.

Manchen Großeltern passiert es, dass sie von ihren heranwachsenden Enkelinnen und Enkeln beim ersten Liebeskummer, zu sogenannten heiklen Fragen und bei sexuellen Problemen ins Vertrauen gezogen werden. Wenn auch Sie zu den Auserwählten gehören, sollten Sie das zu schätzen wissen und so ehrlich und unbefangen wie in allen anderen Zusammenhängen antworten.

Doch Vorsicht: Diese Vertrauensstellung ist blitzschnell zerstört, wenn Sie anschließend ständig nachfragen und mit den allerbesten Absichten zu »nerven« beginnen.

Befreundete Großeltern haben mir einmal gestanden, wie irritiert und verlegen sie beide waren, als sie entdecken, dass ihr Enkel sich nicht nur mit Daumenlutschen oder einem Knuddeltier tröstete, sondern durch Streicheln der eigenen Geschlechtsorgane. Dabei besteht in der Erfahrung von Kleinkindern wohl nur ein gradueller Unterschied in der Wirkung zwischen Daumenlutschen und Onanie. Auf jeden Fall lässt sich damit eine unbehagliche oder bedrohliche Situation leichter ertragen.
Besorgniserregend wird die Sache erst, wenn ein Enkelkind nur noch heimlich derartigen Trost sucht, weil es Angst haben muss, für seine Trostbedürftigkeit auch noch bestraft zu werden. Dann allerdings sollten so schnell wie möglich die Erwachsenen ihr Verhalten ändern – das Kind wird bald wie verwandelt sein.

FRIEDEN SCHAFFEN
OHNE WAFFEN!

26
Kritische Hoffnung und Enkelkinder als Lehrmeister

Von der Zuversicht und der Liebe zum Leben

Nichts hat das Lebensgefühl unserer Generation als Eltern und Großeltern so erschüttert, aber auch zugleich gefestigt wie »Tschernobyl«. Spüren Sie das noch? Die Angst nach dem GAU, die Wut über ratlose, aber blindlings selbstgerechte Autoritäten – und die Entschlossenheit, die Zukunft der eigenen Kinder nicht länger widerspruchslos zunichte machen zu lassen ...

Nichts hat das Lebensgefühl der heutigen jungen Erwachsenen so erschüttert wie die Atomkatastrophe vom 26. April 1986: Sitzen auf der Wiese? Verboten! Spielen im Sand? Verboten! Milch trinken? Verboten! Waldbeeren oder Pilze essen? Verboten! Mit Schuhen ins Haus kommen? Verboten! Im Regen weiter draußen bleiben? Verboten!

Warum?
Sobald Kinder das fragen, sind sie reif für Antworten. Und es liegt nicht an denen, die Antwort geben, wenn darin keine heile Welt mehr zu erkennen ist. Kinder leben in Zwischen-Räumen, irgendwo zwischen dem Schonraum im Mutterleib und dem Aktions-

raum der Erwachsenen. Auch Sie als Großeltern müssen acht geben, dass Kinder sich da nicht verirren, dass sie nicht ersticken unter einem Berg von Trugbildern oder zerrissen werden von Widersprüchen, die sie unmöglich aushalten können.

Natürlich galt das nicht nur vor mehr als anderthalb Jahrzehnten, als (Groß-)Mütter gemeinsam mit anderen Eltern friedlich, aber entschlossen gegen Atompolitik in all ihren bisherigen Facetten, Verfilzungen und unabsehbaren Folgen protestierten und seitdem ein immer stärkeres Netzwerk aufgebaut haben.

Es gilt weiter, bei jeder Gelegenheit, wo sich heute Großeltern genauso phantasievoll einmischen – für ihre Enkel und mit der Enkelgeneration –, weil es uns alle unmittelbar angeht. Beispielsweise:

1. in der Nachbarschaft, wo der Sandkasten als Hundeklo zweckentfremdet wird und ein liebevoll gepflegtes kleines Feucht–Biotop (zum Beobachten von Baby-Fröschen, Libellen und Wasserpflanzen) entstehen könnte
2. an der nächsten Straßenecke, wo mit einer Verkehrsampel, einem markierten Fußgängerüberweg oder »Tempo 30« eine gefährliche Situation entschärft werden könnte
3. in einer Erzeuger-Verbraucher-Gemeinschaft, nicht bloß um vollwertige Milch, »gesundes« Fleisch und schmackhafte Äpfel zu beziehen, sondern auch, um die hart bedrängten, ökologie- und qualitätsbewussten Bauern zu stärken
4. auf dem Marktplatz am Muttertag, um öffentlich klarzustellen, dass Mütter und Großmütter sich wesentlich sinnvoller geehrt fühlen könnten, wenn sie nicht nur einmal jährlich abgefeiert, sondern mit ihrem Sachverstand, ihren Bedenken, Warnungen und Forderungen jederzeit ernstgenommen würden – und wenn man das der konkreten Politik auch anmerken könnte
5. bei der Suche nach Alternativen gegen Atomstrom, zunehmende weltwirtschaftliche Ungerechtigkeit und Waldsterben mit Aktionen wie »intelligente Energienutzung« oder »Umwelt konkret«, in

örtlichen Bürgerinitiativen, »Eine-Welt«-Gruppen oder umweltpädagogischen Projekten, durch das Wecken von Umweltbewusstsein schon bei den Allerjüngsten und durch die Unterstützung weltweit aktiver Organisationen

6. immer und überall, um Verständnis zu wecken und Frieden zu erhalten; Frieden, verstanden als der bestmögliche, für alle ohne Verlust der Selbstachtung annehmbare Ausgleich zwischen unterschiedlichen, aber gleichermaßen berechtigten Interessen: auf dem Spielplatz zwischen Kleinen und Großen, in der Siedlung zwischen Alteingesessenen und Neubürgern, Asylanten, Ausländern; Frieden mit der Natur, soweit das noch möglich ist
7. Frieden nicht zuletzt in der Weltpolitik, die eben nicht ausschließlich von »den paar da oben« betrieben werden kann, auch wenn es oft zum Verzweifeln lange dauert, bis sich der Einfluss all jener, die sich meist nur als »wir paar hier unten« erleben, doch bemerkbar macht

Was Ihre Enkelkinder an dieser Form von »politischer Erziehung« besonders faszinieren und begeistern wird, ist die Mischung aus privatem Anlass, gemeinsamem Erlebnis und öffentlicher Wirkung.

✓ Dreijährige sind nicht überfordert, wenn sie in einem bunten Aufmarsch zur Verblüffung der Passanten im Chor mit anderen Kindern, ihren Eltern und Großeltern fordern: »Wir wollen einen Kindergarten!«

✓ Kinderwagen-Kinder genießen es, wenn sie zu Ostern oder bei einer abendlichen Demonstration in einer friedenstauben-, lichter- und luftballongeschmückten Menschenschlange spazierengeschoben werden.

✓ Vorschulkinder beteiligen sich mit größtem Eifer und Geschick an Baumschutz-, Krötenschutz- oder Hofbegrünungsaktionen.

Auch in diesem Zusammenhang ist für Kinder Leben gleich Lernen, Lernen gleich Spielen, Spielen gleich Leben. Und alles zusammen ist ein großes Fest, solange sie finden, was auch Erwachsene von einem Fest erwarten: Es darf nicht langweilig werden, man muss sich wohl und sicher fühlen können und: niemand darf gezwungen worden sein!

Der Vorwurf, bei jeder Art von Demonstration würden Kinder missbraucht, weil sie nicht verstehen könnten, worum es geht, oder – noch ärgere Unterstellung – weil sie von Erwachsenen als »Waffe gegen die Obrigkeit« benutzt würden, dieser Vorwurf ist unhaltbar.

1. Kinder verstehen sehr wohl, wenn etwas verbessert werden muss.
2. Kinder erleben täglich, dass die Welt nicht in Ordnung ist.
3. Kinder sind Optimisten, aber sie sind weder blind noch taub – warum sollten wir sie sprachlos machen?

Kinder lernen nicht, sich im Leben durchzubeißen und diese Welt mitzugestalten, wenn sie in »Zucker-und-Watte« gehalten werden – sie lernen es freilich auch nicht, wenn sie weder Sinn noch Hoffnung mit ihren Handlungen verbinden können. Darin also läge ein Missbrauch von Kindern. Und deshalb ist es Aufgabe aller Erwachsenen, Großeltern eingeschlossen, Kindern durch das eigene Beispiel kritischen Optimismus, und das heißt: auf die wirklichen Zustände bezogenen Mut, Selbstvertrauen und Solidarität zu vermitteln.

Kinder brauchen eine ganze Menge, um Zuversicht und Liebe zum Leben in sich zu entdecken. Zu den wichtigsten Dingen, die Sie als Großeltern ihnen anbieten können, gehören:

- ✓ ein verständlicher Maßstab, um die eigenen Handlungen einordnen zu können, nicht Kritik, Perfektionsdrang oder überschwängliches Lob

- ✓ die Möglichkeit, diese Welt Schritt für Schritt zu erleben, statt über sie belehrt zu werden
- ✓ liebevolle Aufmerksamkeit statt »ersparter« Strapazen, erdrückender Liebesbezeugungen oder Einmischung in ihre höchst persönlichen Lernprozesse

Kinder sind immer auf der Suche und möchten gern weitergeben, was sie gefunden haben. Hoffentlich finden Ihre Enkel möglichst oft Vertrauen, Hilfe und das Gefühl der Zusammengehörigkeit, entdecken die Lust am Fragen, am Immer-mehr-lernen und am Mitteilen, entwickeln den Mut zum begründeten Nein-Sagen, sind stolz auf das eigenständig Erreichte und die Fähigkeit, Freunde nicht nur zu gewinnen, sondern auch zu behalten.

Ohne liebevolle erwachsene Vorbilder fällt Kindern das schwer. Instant-Schnittmuster oder unfallsichere Prototypen für solche Vorbilder gibt es nicht. Dennoch verstehen es viele Großeltern und Eltern immer wieder, diese Vorbild-Rolle – mal mehr, mal weniger überzeugend und zufriedenstellend – mit Leben zu erfüllen.

Was dabei am besten hilft, ist das Pflegen und Stärken einer Lebenseinstellung, die Widersprüche aushalten kann und in sich zu vereinen weiß, um den wechselnden Anforderungen Rechnung zu tragen:

- ✓ Nähe und Distanz – als Spielraum für die Kinder und als Sicherheitsabstand für die Erwachsenen, zwischen den Generationen wie ganz allgemein gegenüber der menschlichen Unvollkommenheit
- ✓ Fürsorge und Gelassenheit – damit die kindlichen Gefühlsstürme genug Raum zum Austoben finden und Kinder lernen, Gefahrensituationen unbelastet von den Ängsten der Erwachsenen zu bewältigen

- ✓ Zukunftsträume und Realismus – denn ohne Zielvorstellungen entwickeln sich weder Mut noch Stärke, und ohne zutreffende Einschätzung der Wirklichkeit, gerade wenn es nicht zum Besten steht, gehen alle Mühen vielleicht in die falsche Richtung

- ✓ Angst und Kreativität – beide sind nötig, um den Weg aus einer bedrohlichen Lage zu finden, denn wer seine Angst benennen und begründen kann, wird nicht schwächer, sondern stärker; die daraus sich entwickelnde Kreativität weckt mehr davon – auch bei anderen

- ✓ Wissen und Fühlen – denn das eine ohne das andere ist unverantwortlich und gefährlich; aufeinander bezogen sind sie die Grundlage für jedes richtige und gerechte Handeln

Kindern, die in verlässlichen Beziehungen in Ruhe zu sich selbst finden durften, fällt es später vergleichsweise leicht, für sich selbst und gemeinsam mit anderen zu handeln und zu fühlen. Dann sind sie in der Lage, innere und äußere Widersprüche zu meistern und die Großeltern vielleicht sogar zu ihren »Schülern« zu machen.

Vor allem können sie die Gewissheit erlangen, nicht besser und nicht schlechter zu sein als andere Menschen, wenn auch ganz anders als alle anderen – und gerade deshalb geliebt zu werden und liebenswert zu sein.

Michal hat es selbst erlebt. Deshalb hielt sie als Elfjährige vor großem Publikum die folgende Rede zum 60. Geburtstag ihres Großvaters.

Lieber Wulf,verehrte Gäste,

ich möchte jetzt und hier eine Rede halten.
Ich bitte sie absolute Ruhe zu bewahren,sonst geht alles drunter und drüber.Aber das brauche ich ihnen ja nicht zu sagen.

Ne Geburtstagsrally,lieber Wulf,konnte ich leider nicht für dich vorbereiten,weil das nimand so gut kann wie du.Aber ich habe mir gedacht,daß du dich auch über eine Rede freust.Und so möchte ich dir zuforderst im Namen aller deiner Enkel gratulieren.
Aber damit nicht genug.Jetzt nämlich möchte ich ihnen sagen, was ein richtiger OPA IST:

Er muß Schnittchen machen und mit seinen Enkeln nach Haffkrug fahren, und in Haffkrug Wellenspringen.
Und muß Halma spielen auf der Matratze.

Und eins ist sehr sehr wichtig an diesem OPA er muß Fratzen machen beim Frühstück und bei Geburtstagen.
Er muß eine richtige OMA bei sich haben und muß "großzügig"und"nett"sein!

Und jetzt will ich ihnen mal was verraten wir haben hier mindestens einen richtigen OPA:würde dieser OPA,der sich hier angesprochen fühlt sich bitte erheben. Ich bitte um einen Applaus für alle richtigen OPAS dieser WELT!

VIELEN

DANK!

Wissenswertes für Grosseltern

Literaturhinweise

Spezielle Literatur für Großeltern werden Sie in Ihrer Buchhandlung oder Leihbücherei vermutlich nicht en masse finden. Doch Bücher, die Sie besonders ansprechen, die Ihnen mehr oder weniger gezielt Anregungen für die Großeltern-Perspektive und das Großeltern-Selbstverständnis bieten, gibt es sehr wohl – Sie werden sie unweigerlich entdecken, sobald Sie anfangen, Ihre ganz normale Lektüre auch unter diesem neuen Gesichtspunkt zu wählen. Darüber hinaus bleibt natürlich für Großmütter und Großväter gültig, was an Ratschlägen und Informationen für Väter und Mütter veröffentlicht wird.

Hier nur eine kleine Auswahl zu Themen, die auf den vorangehenden Seiten angesprochen worden sind:

Grundeinsichten und Krisenmanagement

BIDDULPH, STEVE: Das Geheimnis glücklicher Kinder & Weitere Geheimnisse glücklicher Kinder, beustverlag, 2002
Zwei ungewöhnlich lockere, warmherzige und konkrete Ratgeber, die sogar Großeltern noch zu »Aha«-Erlebnissen in Sachen Einfühlungsvermögen und Konsequenz verhelfen

GORDON, THOMAS: Die neue Familienkonferenz – Kinder erziehen ohne zu strafen, Heyne Taschenbuch, 1994

BERGMANN, WOLFGANG: Gute Autorität – Grundsätze einer zeitgemäßen Erziehung, beustverlag, 2002

ROGGE, JAN-UWE: Pubertät. Loslassen und Haltgeben
Rowohlt Taschenbuch, 2000

ELLNEBY, YLVA: Kinder unter Stress – Was wir dagegen tun können
beustverlag, 2002

MOLCHO, SAMY und BAUMGARTL, NOMI: Körpersprache der Kinder
Goldmann Taschenbuchverlag, 1999

Kinderschutz aktuell – vierteljährliche Zeitschrift des Deutschen Kinderschutzbundes
Schwerpunktthemen z. B.: Kinderrechte, Gewalt gegen Kinder, das Freizeitverhalten von Kindern, Armut, Trennung und Scheidung oder »Mädchensorgen und Jungennöte«

ALBERT, MATHIAS und HURRELMANN, KLAUS:
14. SHELL-Jugendstudie – Zwischen pragmatischem Idealismus und robustem Materialismus, Fischer Taschenbuch, 2002

STELLMANN, HERMANN M. und WORMER, WOLFGANG: Die ersten sieben Lebensjahre – Ein medizinisch-pädagogischer Ratgeber
Verlag Freies Geistesleben, 2001

Hilfe für Leib und Seele

WASKOW, FRANK und MÜHLENZ, ISABEL: Kinderernährung
Kiepenheuer und Witsch, 2002
Ein geradezu unentbehrlicher Ratgeber beim Versuch, Kinder in den ersten Lebensjahren trotz aller Widrigkeiten vollwertig zu ernähren. Mit Tabellen, Rezepten, Adressen, Paragraphen, Ernährungsfahrplänen, Messergebnissen – und ganz ohne Fachchinesisch! (Hrsg.: Katalyse Institut für angewandte Umweltforschung)

THORBRIETZ, PETRA: Kursbuch gesunde Kinderernährung
Verlag Zabert Sandmann, 2002

SOLTER, ALETHA J.: Warum Babys weinen – Die Gefühle von Kleinkindern
dtv, 2000

SOLTER, ALETHA J.: Wüten, toben, traurig sein – Starke Gefühle bei Kindern
Kösel Verlag, 2001
Entwicklungspsychologische Ansätze zum Verständnis kindlicher und erwachsener Reaktionen

CROTTI, EVI und MAGNI, ALBERTO: Die geheime Sprache der Kinder – Kinderzeichnungen richtig deuten, beustverlag, 2002

HOGG, TRACY: Babyflüsterer
Mosaik Verlag, 2001

PREUSCHOFF, GISELA und MOHR, RONA: Störenfriede, Nervensägen, Quälgeister
7 Weisheiten im Umgang mit schwierigen Kindern, beustverlag, 2002

FRIEDRICH, BARBARA: Zornmichel, Triezliese und Co. – Umgang mit kindlichen Aggressionen, Text-O-Phon Verlag, 2001

KAHN, ANDRÉ: Die Schlafschule, dtv, 2001

LEBOYER, FRÉDÉRICK: Sanfte Hände – die traditionelle Kunst der indischen Baby-Massage, Kösel Verlag, 2001
SCHNEIDER, VIMALA: Baby-Massage
Kösel Verlag, 2002.
Zwei »Klassiker«, die dazu anregen, über Berührungen, Streicheln, Massieren, Spielen und vergnügliche »Körperarbeit« die liebevollen, beruhigenden und notfalls sogar schmerzlindernden Kontakte zwischen Großeltern und Enkelkindern zu stärken

STELLMANN, HERMANN M.: Kinderkrankheiten natürlich behandeln
Gräfe und Unzer Verlag, 2000
Verständlicher Rat und praktische Hilfe aus einer sehr erfolgreichen Praxis für Naturheilkunde und Homöopathie, die Großeltern und Eltern ermutigen, die Selbstheilungskräfte von Kindern zu wecken

Broschüren der Bundeszentrale für gesundheitliche Aufklärung (BzgA), Köln, z. B.: Alkoholfrei leben?! Wie geht's – wie steht's? Wissenswertes für Jungen und junge Männer zum Thema Sexualität und körperliche Entwicklung, »Elternbroschüre Sucht«, die Ihnen vermittelt, wie Sie dazu beitragen können, dass Ihre Enkel »von sich aus Nein sagen« – und damit vor Alkoholsucht, Medikamentenmissbrauch oder Drogenabhängigkeit besser geschützt sind als durch alle Verbote und angedrohten Strafen

Spielen und Lernen

AUERBACH, STEVANNE: SQ – Spielerische Intelligenz, beustverlag, 2002
Mit welchem Spielzeug Kinder in welchem Alter am besten spielen – und womit Selbstwertgefühl, abstraktes Denken und Lebensfreude am meisten gefördert werden können

ANDREA RITTERSBERGER: Jedes Kind will musizieren, beustverlag, 2002

BROICH, JOSEF: Sprechen, hören, streiten – Gruppenspiele mit Sprache, Körper, Stimme, Maternus Verlag, 2002

RITTERSBERGER, ANDREA: Andreas LiederLeseMitmach-Buch, beustverlag, 2003

JEITNER-HARTMANN, BERTRUN (Hrsg.): Das große Ravensburger Buch der Kinderbeschäftigung, Ravensburger Buchverlag, 1999

HABISREUTINGER, JULEI M. (Hrsg.): Sendepause – 365 x fernsehfrei und Spaß dabei, beustverlag, 1995
Spiele für jede Gelegenheit, unterhaltsam vorgestellt, mit Symbolen charakterisiert; schnell, spontan, ohne aufwendige Vorbereitung spielbar; eine Sammlung von Ideen aus drei bis vier Generationen

JONES, LARA: Jule und Knuffel besuchen den Bauernhof – Fühlbilderbuch Arena Verlag, Edition Bücherbär, 2003

GEIßLER, ULI und RIEGER, BIRGIT: Das große Ravensburger Natur-Spielebuch Ravensburger Buchverlag, 2003

FLIMMO – Fernsehen mit Kinderaugen
Dreimal jährlich erscheinende kostenlose Broschüre des Vereins Programmberatung für Eltern e.V. Alle 14 Tage gibt es als kostenlosen Service aktuelle Informationen über alle kinderrelevanten Sendungen der folgenden beiden Programmwochen unter http://www.flimmo.de

BERGMANN, WOLFGANG: Cyberkids – Wie Computer und Internet unsere Kinder verändern, beustverlag, 2001

jugendschutz.net im Auftrag des Bundesfamilienministeriums:
Leitfaden für (Groß-)Eltern und Pädagogen: Ein Netz für Kinder - Surfen ohne Risiko? und CD-ROM: Rechtsextremismus im Internet - Recherchen,

Analysen, pädagogische Modelle
Hilfestellung zum richtigen Umgang mit dem Internet wird als »Internet-ABC« auch online angeboten über das werbefreie, unabhängige Portal http://www.internet-abc.de oder als interaktives Lernprogramm »Kinderbrauser« auf CD-ROM via http://kinderbrauser.de

In der BLM Schriftenreihe des Verlags Reinhard Fischer erscheinen immer wieder anspruchsvoll-praxisnahe Forschungsergebnisse zum Thema Kinder und elektronische Medien, gut lesbar aufbereitet mit Zitaten und Konsequenzen. Wichtig für Großeltern, weil diese Untersuchungen all jenen die Augen öffnen, die nicht nur kindergeeignetes Fernsehen fordern, sondern Kinder und Jugendliche – und sich selbst – »medienkompetent« machen wollen. z.B.:

- THEUNERT, HELGA (Hrsg.): »Einsame Wölfe« und »Schöne Bräute« – Was Mädchen und Jungen in Cartoons finden, Band 26
- THEUNERT, HELGA und SCHORB, BERND: Begleiter der Kinder – Zeichentrick und die Rezeption durch Kinder, Band 37
- AUFENANGER, STEFAN und LAMPERT, CLAUDIA und VOCKERODT, YVONNE: Lustige Gewalt? – Zum Verwechslungsrisiko realer und inszenierter Fernsehgewalt bei Kindern durch humoreske Programmkontexte, Band 38
- THEUNERT, HELGA und GEBEL, CHRISTA: Lehrstücke fürs Leben in Fortsetzung – Serienrezeption zwischen Kindheit und Jugend, Band 63

SIN/Studio im Netz, München, gibt u.a. die Reihe Multimedia im KoPäd Verlag heraus, z.B.: MOSER, SONJA und DREYER, KLAUS (Hrsg.): Spuren im Netz – Kinder- und Jugendprojekte rund ums Internet
Außerdem gibt es ein gut gestaltetes und sehr informatives, praxisnahes Faltblatt/Plakat: »Familien bewegen sich sicher im Internet – Der sichere Dreh im www«, zu beziehen unter gmk@medienpaed.de

Leider vergriffen, allenfalls in Bibliotheken und Leihbüchereien, antiquarisch oder/und via Internet (http://www.ZVAB.com) zu finden sind viele anregende Spiele- und Geschichtenbücher, beispielsweise:

OHLIG, ADELHEID und andere: Yoga ist (k)ein Kinderspiel, Zytglogge Verlag, Bern, 1992
Ein reich bebildertes Buch über den freien und lustvollen Umgang mit den vielfältigen Möglichkeiten von Yoga. Vier Dutzend Übungen verknüpft mit Anregungen, wie sich die jeweiligen Bedürfnisse, Stimmungen und Fähigkeiten der Kinder einbeziehen lassen

THIESEN, PETER: Freche Spiele – Starke Spielideen gegen Frust und Lustverlust
Reihe Beltz praxis, Beltz Verlag, 1997

HONKE, GUDRUN und SALLE, ULRIKE (Hrsg.): Guck mal übern Tellerrand – Neue Geschichten von Kindern aus der einen Welt
Peter Hammer Verlag, Wuppertal, 1994

Adressenverzeichnis

Viele hilfreiche Organisationen, Institutionen und Gruppen sind im örtlichen Telefonbuch jeder größeren Stadt zu finden; nützliche Hinweise können die MitarbeiterInnen des Stadtjugendamts, in Bürgerhäusern, im Sozialreferat oder im Familienministerium geben.

Hier folgt als Anregung eine (verständlicherweise nicht vollständige) Liste mit zentralen Adressen verschiedener Dachverbände oder besonders stark engagierter Initiativen – per »Schneeballsystem«, erweitert durch die Suchmöglichkeiten im Internet, und mit genügend Ausdauer lässt sich eigentlich immer die gewünschte Verbindung herstellen.

Zum Kinder- und Jugend(medien)schutz:

Deutscher Kinderschutzbund, Bundesverband e.V.
Hinüberstr. 8, 30175 Hannover, Tel.: 0511/30485-0
http://www.kinderschutzbund.de

JFF – Institut für Medienpädagogik in Forschung und Praxis
Pfälzer-Wald-Str. 64, 81539 München, Tel. 089/6807 0735
http://www.jff.de

Programmberatung für Eltern e.V.
Postfach 801344, 81613 München, Tel. 089/63 808 280
http://www.flimmo.de

Kommission für Jugendmedienschutz (KJM)
c/o Bayerische Landeszentrale für neue Medien (BLM)
Heinrich-Lübke-Str. 27, 81737 München, Tel. 089/63808-0
http://www.blm.de

Bei medizinischen und Gesundheitsfragen:

Bundeszentrale für gesundheitliche Aufklärung (BzgA)
Postfach 910152, 51071 Köln, Tel. 0221-8992-0
http://www.bzga.de
mit Telefonberatung und Beratungsstellen an vielen Orten: Suchtberatungsstellen, Aids-Beratungsstellen, Adressen und Beratungsstellen zu Sexualität, Partnerschaft und Verhütung, Beratungsstellen bei sexuellem Kindesmissbrauch und Kindesmisshandlung, Beratungsstellen bei Essstörungen

CON-DROBS e.V.
Franzstr. 5, 80802 München, Tel. 089/384 0820
http://www.condrobs.de
Drogenberatung im weitesten Sinne, einschließlich Präventionszentren und Kontaktläden, Jugend- und Mädchenwohngemeinschaften, Therapieeinrichtungen, Nachsorge-, Arbeits- und Qualifizierungsprojekten; Adressen ähnlicher Institutionen in Ihrer Nähe sind z.B. über die Geschäftsstellen des Deutschen Paritätischen Wohlfahrtsverbandes zu erfahren
http://www.dpwv.de

Lebenshilfe für Menschen mit geistiger Behinderung e.V.,
Bundesvereinigung, Raiffeisenstr. 18, 35043 Marburg, Tel. 06421/491-0
http://www.lebenshilfe.de

Aktionskomitee »Kind im Krankenhaus« e.V.
Kirchstr. 34, 61440 Oberursel, Tel. 06172/303600

Bundesarbeitsgemeinschaft »Hilfe für Behinderte«
Kirchfeldstr. 149, 40215 Düsseldorf, Tel. 0211/31006-0

Zu Qualitätskriterien bei Spielzeug:

»spiel gut«, Arbeitsausschuß Kinderspiel + Spielzeug e.V.
Neue Straße 77, 89073 Ulm, Tel. 0731/65653
http://www.spielgut.de und international: http://www.spielgut.org
Veröffentlicht regelmäßig ein Verzeichnis der geprüften Spiele, Materialien und Spielzeuge, »Das Spielzeugbuch«, den Ratgeber »Vom Spielzeug und vom Spielen« und Informationen über Sicherheit und Risiken bei Kinderspiel und Spielzeug

Arbeitsgemeinschaft der Verbraucherverbände e.V.
Heilsbachstr. 20, 53123 Bonn, Tel. 0228/64890

Verbraucherzentrale Bundesverband e.V.
Markgrafenstr. 66, 10969 Berlin, Tel. 030/25800 - 0
http://www.vzbv.de

Für besondere Anregungen:

Bundesforum Familie
Celsiusstraße 112, 53125 Bonn, Tel. 0228/25 84 64
http://www.bundesforum-familie.de

Deutsche Gesellschaft für das hochbegabte Kind e.V.
Erstberatung und Infomaterial: Tel. 0700-2342 2864 (0700-begabung)

Studienkreis/Hochbegabtenförderung e.V.
Zentrale: Postfach 102404, 44724 Bochum, Tel. 0234/976001
http://www.studienkreis.de
Spezialkurse (von Kids' English Club und Mathe-Forum bis Informatik und Philosophie) mit besonders qualifizierten ReferentInnen in verschiedenen Städten; andererseits auch Nachhilfe, Rechen- und Lese-Rechtschreibschule

Studienkreis Systemzentrale Österreich:
Griesgasse 3, 5020 Salzburg, Tel. 00 43/6-62 88 65 86

Ökumenisches Büro für Frieden und Gerechtigkeit e.V.
Pariser Str. 13, 81667 München, Tel. 089/4485945
http://www.oeku-buero.de
Eine exemplarische »Anlaufstelle« für junge (und ältere) Menschen, die sich über gut vorbereitete Arbeits- und Studienaufenthalte in Zentralamerika bei der Solidaritätsarbeit für die Eine Welt engagieren wollen (siehe auch Terre des hommes)

Stiftung Jugend forscht e.V.
Baumwall 5, 20144 Hamburg, Tel. 040/3747 090
http://www.jugend-forscht.de
Das Tor zur Welt der geistigen, nicht nur naturwissenschaftlich-technischen Abenteuer samt weltumspannendem Erfahrungsaustausch

Wenn Sie sich selbst engagieren wollen:

Mütter gegen Atomkraft e.V.
Frohschammer Str. 14, 80807 München, Tel. 089/355 653
http://www.muettergegenatomkraft.de

Gen-ethisches Netzwerk, GeN e.V.
Brunnenstraße 4, 10119 Berlin, Tel: 030/685 70 73
http://www.gen-ethisches-netzwerk.de

Terre des hommes Deutschland – Hilfe für Kinder in Not
Ruppenkampstr. 11a, 49084 Osnabrück, Tel. 0541/71010
http://www.terre-des-hommes.de

Robin Wood – Gewaltfreie Aktionsgemeinschaft für Natur und Umwelt e.V.
Schwerpunkte z.B. Verkehrswende – Energieversorgung – Schutz der (Tropen-)Wälder
Bundesgeschäftsstelle, Postfach102 122, 28021 Bremen, Tel. 0421/598 288
http://www.robinwood.de

Greenpeace e.V.
Große Elbstraße 39, 22767 Hamburg, Tel. 040/30618-0
http://www.greenpeace.org/Deutschland

Deutscher Naturschutzring
Am Michaelshof 10, 53177 Bonn, Tel. 0228/359 704
http://www.dnr.de

Attac
für eine solidarische Weltwirtschaft – gegen neoliberale Globalisierung
Münchener Str. 48, 60329 Frankfurt, Tel. 069/900 281-10
http://www.attac.de
Ein breites gesellschaftliches Bündnis, Teil der internationalen »Bildungsbewegung mit Aktionscharakter und Expertise« in rund 50 Ländern der Welt

Register